U0550777

Hiroshima Diary

蜂谷道彥

廣島醫生

一部終戰前的真實日記

The Journal of a Japanese Physician, August 6-September 30, 1945

Michihiko Hachiya, M.D.

姚怡平 譯

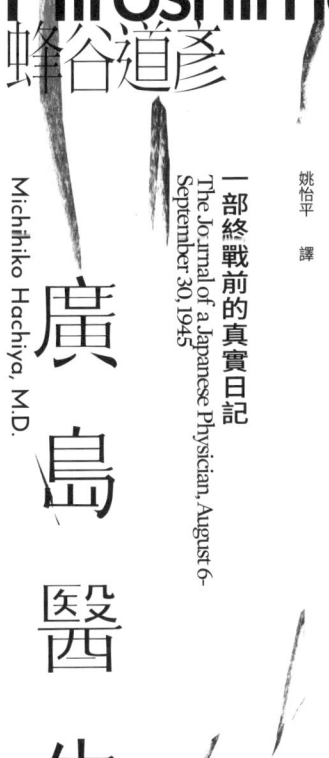

目次

導讀（一九九五年版）

蜂谷道彥醫生在廣島的廢墟裡撰寫日記，已過了半個世紀；美國醫生華納・威爾斯（Warner Wells）戮力翻譯及編輯日記，英語讀者得以展讀蜂谷道彥的經驗談，已過了四十載。一九五五年，英譯本首度於美國發行，是出版圈的一樁大事，時至今日仍撼動人心。

本書堪稱一項卓越成就，因為我們在此經歷的是一部描繪戰爭殘酷尾聲的紀實作品，不僅跟日本密切相關，更跨越了國家、文化、種族的界線。這本日記描寫了人心與人類處境，筆法並不純熟洗鍊，畢竟作者原本無意刊出。原爆衝擊波使蜂谷醫生身受重傷，他一度提及臉部和身體有大約一百五十道疤痕。但到了一九四五年八月八日，廣島被摧毀的兩天後，他復原情況良好，開始動筆記錄休養期的見聞，他住的醫院正是他掌管的廣島通訊醫院。而他筆下的紀錄就是我們即將展讀的日記，世上沒有其他東西能夠比擬。

蜂谷醫生從八月六日到九月最後一天（即本書的尾聲）所置身的那個世界，西方人（尤其是美國人）往往不願仔細回顧。美國人以記敘英雄事蹟的筆法描繪戰爭，廣島之毀滅往往以蕈狀雲作結，隨後快轉到九天後日本投降。蘇聯八月八日對日本宣戰，在美國人的敘事下鮮少提及；美國八月九日在長崎投下第二顆原子彈，同樣受到忽視。廣島原子彈的威力被過度關注，甚至是帶著關愛之情；相形之下，朝著平民占多數的廣島與長崎投下原子彈，人類因而承受之後果，眾人往往避而不談，因為這有損英雄敘事，會引起「好的戰爭」（the good war）的疑問，令人坐立不安。

幾乎有個週期似的，美國大眾每隔一段時間便會重新關注蕈狀雲底下發生的事。一九四六年，約翰・赫西（John Hersey）出版《廣島》（*Hiroshima*），這本小書描繪原子彈的受害者，深深打動眾多讀者；一九五〇年代中葉，蜂谷醫生的這本日記獲得嚴肅看待；十年後，井伏鱒二描繪輻射病之死的傑出作品《黑雨》（*Black Rain*），在美英兩地被譽為經典；一九八〇年代初，喬納森・謝爾（Jonathan Schell）出版《地球之命運》（*The Fate of the Earth*），這本大獲成功的未來派暢銷書，把廣島與長崎的核死亡與核毀滅構成的末日情景推升到全球層次。

然而，對廣島與長崎的境況移開視線，向來是更為輕鬆長久的應對之道。美國主流圈舉辦的亞洲終戰五十週年紀念，更是強化了這波移開視線的趨勢。美國想要慶祝己方戰勝了好鬥、極端、殘暴的敵人，自然是合情合理。很多人把原子彈視為拯救無數生命的一種武器。在這種英雄敘事之下，廣島與長崎只是加快了全球大戰邁向尾聲的速度。

從一九九四年最後幾個月到一九九五年最初幾個月，這類的情緒十分濃厚。華盛頓特區的史密森尼學會（Smithsonian Institution）原本規劃了重要的原子彈展覽，打算展出原爆點的相片與人工製品，但不得不臨時喊停。評論家表示，這些作品「飽含情緒」，對於日本平民受害者（在美國的英雄敘事下，他們被稱為「傷亡人員」[casualties]）的詳實描繪，其實是在曲解戰爭的現實情況——日本人一而再、再而三以殘暴的手段迫害他人。美國空軍的軍史主任公開質疑，在如此「道德明確」的話題上，史密森尼學會怎能鑄下這般大錯？美國參議院一致通過議案，譴責史密森尼學會未能頌揚原子彈促使二戰邁入「仁慈的」尾聲。

在情緒與意識形態如此高張的氛圍下，蜂谷醫生的日記再版，堪稱一樁有益的事件。他那樸實的記述在在告訴眾人，唯有經歷原爆的日本人能真切揭露核武對人類造成的後果。他的日記使我們想起了更宏大的二戰悲劇敘事，英雄主義與灰色道德地帶共存，同一個舉止可以既仁慈又無情。

從日本人的角度來看，廣島與長崎不僅是尾聲，更是開端：此後是一連串怪誕又拖延的死亡、終生的喪慟、輻射導致的空前肉體傷害、無止盡的心理創傷；此後更是重新感受到生命的寶貴。他拖曳著腳步，穿越殘破、擁擠、汙穢的醫院；他眼見患者與熟人接連死去，且往往死因不明；屍體火化的臭味飄進破碎的窗戶，襲擊他的鼻腔。儘管如此，他還是沉著應對，慈悲以待，熱切珍惜著日常生活裡的渺小樂事。

把駭人的核彈記事轉化為生命頌歌，這番成就非同小可，而蜂谷醫生的日記之所以達到如此成就，理由就在於他能做到敘事自然，不流於說教，不賣弄大道理，就只是活出自己的樣子，記錄日常的思緒與活動。儘管他大量提及日本日常文化獨有的事物，但就算不是日本人，也能從中領略他的思緒與感受，而這一點正是衡量其功績時的基準。一九四五年八月，不知何故，戰爭與種族仇恨的敘事達到巔峰，史上最具毀滅性的武器才剛粉碎這位醫生的人生，但言行謙遜、愛國至極的他，卻幾乎全是透過人性共通的語彙來表達內心的想法。

美國人的記憶力具有週期性，所以這種事需要稍加闡述，否則容易被遺忘。當然，蜂谷醫生描繪的核武地獄，也許最終仍在眾多讀者心中留下不可磨滅的印記。就這方面來說，他的記述是其他被爆者（hibakusha）或倖存者的典型描繪，同樣都有揮之不去的核毀滅景象。原子彈發出炫目的閃光（pika），隨後是巨大的衝擊波（don），震碎幾公里外的建築物。這道衝擊波把衣物盡皆撕毀，民眾變得全裸或半裸，在一片詭譎的寂靜下，民眾排隊前行，雙手伸出，皮膚脫落，猶如機器人、夢遊者、稻草人、一列蟻。「民眾全面逃遁之際，被死神攫獲，就此僵住不動」，成為一具具死屍。腳踏車上是一個死去的男人；一匹馬被燒傷又失明；十幾歲的青少年蜷縮在一起，等待死神降臨；母親伴著已死的孩子；嬰兒伴著瀕死的母親；一堆屍體失去臉孔；凡是有水之處，比如消防蓄水池、游泳池、供水給廣島市的河流，皆塞滿死屍；熊熊大火宛若地獄火海；某個男人把自己的一顆眼珠握在手心；倖存者擠在殘破的建築物裡，躺在嘔吐物、尿液、糞便之上；處處是蒼蠅和蛆。

以上皆是原爆後的常見景象。但在原爆後初期，蜂谷醫生與外在世界隔絕，他記錄的純粹是自己的所見所聞。他描述的畫面有的異常鮮明。某位訪客表示，被火燒過的屍體會縮小。被火燒的人們聞起來像是乾魷魚，看起來像是燙過的章魚。屍體火葬時散發的臭味有如燃燒沙丁魚的氣味。日記裡最縈繞在你我心中的畫面，也許就是蜂谷醫生每天巡房時經常遇到的一位無名漂亮女孩（蜂谷醫生在日記裡就簡單稱她「美人」），她身上到處嚴重燒傷，只有臉例外。最初的紀錄寫她躺在一灘殘留已久的血液與膿液中，被尿液糞便弄得骯髒不已。經過一段時間，醫生來訪，她已能露出微笑。到了日記尾聲，她站得起來，可以自己去廁所。她後來怎麼了？我們無從得知。

因為蜂谷是醫生，所以會快速應對核創傷的下個階段——費解的症狀和突然的死亡，而讀者就這樣跟隨他一同經歷。看似好轉的患者忽然惡化死去；看似完全避開傷害的患者卻遭受重創：因皮下出血而使肌膚布滿斑點、毛髮脫落、腹瀉帶血、嘔血、生殖器與直腸出血。驗屍後發現，患者體內大量不規律出血，似乎影響到各個臟器。後來購置的顯微鏡觀察到，白血球數量低得危險，血小板也被破壞。有沒有可能是炸彈改變氣壓所致？有沒有可能是因為毒氣？在這幾週期間，蜂谷醫生幫忙鑑定出這場神祕的災禍是輻射病，判定這種死法的患者全都位於距離原爆中心不到一公里之處。

認識這類死亡會帶來智性上的滿足感，蜂谷醫生因此重拾活力。他幫忙釐清可怕的謎團，從中獲得欣慰，他也並未遮掩這種心情。早在八月九日，他發現自己重拾好奇心，為此欣喜不已，並記了下來。他通篇言明，雖然科學上的認識不會消除恐懼感，卻能減輕未知帶來的慌亂，有助於平息不理性的畏怯，比如「廣島七十五年不宜人居」

的謠言就因此消散。他極力公開解釋，死於輻射病的患者全都是暴露在閃光之下。（但日記太早結束，所以並未透露這件駭人事實：一九四五年末至一九五二年之間，美國占領當局禁止日本醫學研究員發表科學文章闡述原子彈的作用。）

即使是在原子彈落下後初期的陰鬱時日，蜂谷醫生還是展現出直言不諱的作風。不到兩天，他就觀察到自己和同僚逐漸接受大量的死亡，開始漠視背後的可怕含意，他為此感到遺憾不已。後來，甚至連窗外傳來的火葬氣味，也影響不了眾人的食慾。他記下的某件事特別令人震驚。八月十一日他以枯燥的語氣寫道，有個謠言傳遍了他那間悲慘又擁擠的醫院：摧毀廣島與長崎的那種武器，日本也有，而且日本為了報復，已經用來攻擊美國西岸。整個病房的氣氛為之一變，傷勢最嚴重的那些患者笑得最開心，眾人歡唱凱旋歌，深信戰爭態勢已出現轉變。在所有講述炸彈的文學作品中，少有場景比這幅畫面更狄更斯（Charles Dickens）。

近來，歷史學家認為八月十五日天皇玉音放送時，蜂谷醫生的反應饒富興味。蜂谷醫生跟很多日本同胞一樣，認為自己應該要奮戰到最後，所以一聽聞日本投降，無不深感震驚。蜂谷醫生寫道，投降帶來的衝擊感甚至大過原爆，他絕望不已。此後，他反覆談到自己對御座抱持崇敬之心，更擔憂天皇的健康；這些言詞讓人想到，日本人就是秉持著對天皇的崇拜，而集結起來邁向戰爭。如果說日記裡有第二個很狄更斯的小插曲，想必就是以下情景：蜂谷醫生以敬佩的語氣描述幾位熟人跌跌撞撞跨過死者，急忙把神聖的天皇相片從醫院送往更安全的地方。

在當時的日本，對於投降有這樣的反應是十分尋常的，但也不是到處都這樣，還是有很多日本人如釋重負、流下眼淚，甚至有人慶祝起來。不過，蜂谷醫生崇拜天皇，其對立面也非常普遍；也就是說，有些日本人是蔑視日本軍方領袖的。蜂谷醫生以典型的坦率語氣，承認他以前很同情軍方，但後來他卻鄙視軍方，因為他們背叛天皇、欺騙民眾。

戰敗後的幾個月、幾年之間，日本到處瀰漫著感傷的氛圍。裕仁天皇被免除了戰爭和戰敗的責任，但大眾普遍譴責天皇底下的將軍們冷血無情、表裡不一、愚蠢至極。蜂谷醫生從未在日記裡公開表達恨意，只有一個例外。這個例外並非（如人們可能預期的）是針對投下原子彈的美國人，而是東條英機將軍與皇軍，他們的傲慢和無限的愚蠢，致使日本蒙受恥辱與災難。

蜂谷醫生在日記裡也婉轉表達同樣的情緒。他在原子彈造成的殘磚碎瓦當中，找到木製的子彈與斷掉的竹槍，他把這幅情景寫進日記，清楚意識到這並置的反差何等荒謬。九月初，他為某家報紙撰寫一篇有關原子彈效應的報導，並且表明日本人「在科學戰爭上遭受挫敗」。再說一次，他提出的評論在當時十分普遍，無疑是在批評日本那些不理性的戰時領袖。

這類態度衍生的影響十分深遠。雖然蜂谷醫生及其小群體好幾週都接觸不到報紙與廣播，但他們的言論跟日本各地民眾的說法不謀而合。例如，「東條英機應該要為了他犯下的罪去死」，這句氣憤的口號具體呈現在後續幾年的東京戰犯審判，日本民眾對於日本領袖的命運普遍漠不關心。更概括而言，日本民眾直接蔑視那些愚蠢的軍方領袖帶領日本走向慘重的戰敗，而這種輕蔑的態度仍以強烈的反軍隊甚至是反戰的情緒留存於戰後的政治文化。另一方面，對科學的莫大敬意不僅出現在蜂谷醫生的日記裡，同時期的日本各地也廣為宣揚科學，亟欲發展科學的力量來重建和平的日本，只是當時的蜂谷醫生對此並未知悉。

從日記裡的描述來看，日本民眾對日軍的強烈蔑視情緒並未波及戰勝的美國人。由於日記提及的人物都是廣島原爆的直接受害者，所以這種情況令人詫異。其實，日本各地民眾對於戰敗也經常有這種反應。起初，日本民眾普遍擔憂戰勝方在占領日本後會出現何種行徑，但這般憂慮隨即被尷尬侷促卻極其友好的關係取而代之。在戰敗後的災難時刻，絕大多數日本人眼裡的「邪惡敵人」，變成日本自己的軍隊。在日本各地，再普通不過的退伍士兵，也往往要承受民眾輕蔑的目光或嘲諷。

當「廣島的占領軍即將抵達」這個謠言傳到蜂谷醫生的醫院，民眾最初的反應不出所料——很多女性（甚至包括部分患者），都嚇得逃走了，怕自己可能會被性侵。不過，蜂谷醫生對此十分沉著冷靜，他在九月十三日寫道：「我覺得沒什麼好擔心的，因為西方人是講文化的人，沒有偷竊搶劫的習性。」他在日記裡寫下這句評語後，隨即遇到一位美國軍官，兩人首次會面，彼此都緊張不安，但不久後，一些年輕的美國人來到醫院，蜂谷醫生對他們的評價明顯正面。據他來看，這些人熱誠、友善、親切、有趣，全都很紳士，在他心中留下「偉大國家的公民」的印象。

日美戰爭如此殘暴，敵對雙方竟能突然化為友好的關係，這種情況廣受評論且令人費解。蜂谷醫生的日記以巧妙的角度描繪這種化干戈為玉帛的情景，日本人的行為舉止跟獲勝的英裔美國人再度形成鮮明的對比，而且是不利的對比。例如，某位醫界同僚曾一度趕到醫院，催促蜂谷醫生撤離婦女，因為美國人要來了。蜂谷醫生把流露真情的私語給匆匆記了下來，他注意到對方極度焦慮不安，很清楚日本士兵在中國的行為惡劣至極。很多日本人（尤其是男性），對於美國人的掠奪一開始會心生畏懼；

這種情緒絕大多數是一種投射，因為日本人痛苦地得知，日軍在其占領的外國領土上有惡劣至極的行為。如此尖銳地揭露這種潛藏的想法，在當時的日本作品中實屬罕見。戰勝的盟軍抵達日本後，實際上的確普遍表現得很克制，甚至寬大對待日本民眾，所以日本民眾對盟軍的良好印象又更加強化。

至於日本戰敗後的當代情景，本書以生動的筆法見證了兩個衰敗的層面。這兩個層面並非廣島或長崎獨有，在日本各地都十分普遍。其一是「悵然若失」（kyodatsu）的症狀，也就是失志和精神消沉的一種整體狀態。蜂谷醫生在外短暫採訪期間，親眼目睹眾人的絕望與困惑，而這幅情景確實反映出核毀滅引發的重大創傷。然而，這類情景或多或少也都在日本各地重複上演。由此可見，九月十五日（即玉音放送一個月後），蜂谷醫生所描繪的廣島站附近的「全貌」，有可能會重現於日本無數的城鎮：「疲憊的戰爭受害者，退伍的士兵，倚在燒焦柱子上的老者，漫無目的行走、漠視周遭一切的民眾，還有乞丐。」蜂谷醫生表示，這些人才是「真正的征服者」。他也在同一天描繪了一幅令人詫異的景象——有個可憐的女人穿著婚禮和服，拿著一袋地瓜，走過斷垣殘壁。這幅畫面堪稱「悵然若失」的象徵符號，並在那些日子籠罩著整個日本。

在疲憊又絕望的周遭環境裡，貪汙腐敗如雜草叢生，茂盛滋長。在這件事上，本書也是一個珍貴又詳盡的資料來源。隨著時間流逝，蜂谷醫生對於日本人在重大戰敗後的行為愈來愈灰心，屢屢記下失望之情。爛醉的退伍軍人坐在手推車上；搶劫與入室盜竊遍布各地；地方官員多半無能腐敗，軍需品被大量劫掠；通貨膨脹使金錢幾乎毫無價值；「面容邪惡、舌頭惡臭的人們」突然現身，從他人的不幸中謀取利益；聲名狼藉的男人調戲著笨拙的女孩。貪婪之心掌控著一切，「邪惡的影響力」比比皆是，日本似乎落入「卑劣無知者的掌握之中」。在蜂谷醫生的醫院，醫療用品甚至遭人竊取，蜂谷醫生表示，廣島「已成為邪惡的城市」。

日本投降後，前述現象也遍及日本各地。從宣布投降到盟軍抵達並展開占領作業的那幾個星期，狀況尤其嚴重。確實，在本書記錄的八週期間，日本全國與地方層級的軍事當局、政治人物、商人，絕大多數時間都在摧毀紀錄，洗劫大量的軍用品倉庫。日本預期戰爭會持續很久，最後要防禦本島，因此倉庫儲備了大量物資。蜂谷醫生以引人矚目的短文描繪疲憊絕望之下的悵然若失狀態，更以簡練的文字描述他觀察到的貪汙腐敗，讀者不僅得以一窺原爆後的廣島，更能了解日本整體景況，那些都是當時的他無從知曉的。

大環境內部的墮落加上令人震驚的戰敗，反倒讓戰勝的美國人以出乎意料的正面形象現身。日記裡的佐伯老太太是個沉默寡言、性格堅毅、給予慰藉的人物，媳婦和三個兒子全死於轟炸，但友善的美國青年軍官到訪醫院後，就連她也斷定「美國人很親切，我覺得他們人很好」。這句評語令人訝異，但在蜂谷醫生描繪的異常環境下，我們並不意外。

從多方面來看，蜂谷醫生以看似樸實的筆法描繪廣島原爆與餘波，從而揭露了多層次的複雜世界。他的日記不僅詳盡記錄核死亡與核毀滅，而且現在重新回顧讓人更加明白，他的日記也開啟了一扇大得不尋常的窗戶，讀者得以看見戰敗後的心理病和社會病。此外，還有一點讓這本日記具備不朽的特質——這部紀實作品描繪了重生的滋味，講述人們在嘗過最苦澀的死亡之後，如何珍視寶貴的生命。

蜂谷醫生幾度闡明，他跟別人一樣是個熱血愛國者，只要天皇一聲令下，他隨時可以拋棄生命，為國捐軀。他摯友的年幼兒子才剛死於原爆，他在日記裡就以理解的態度引用對方的話語，甚至贊同對方拚命到底的狂熱言行。然而，廣島毀滅，蜂谷醫生失去全部財產，差點丟掉性命，而且醫院每天上演著戰火造成的苦難與死亡場景，這一切使得他和周遭許多人拒絕接受極端民族主義與戰爭，反而重視起個人關係與私人幸事的珍貴。

日記的字裡行間多少會直接提及這種情況，有時是一閃而過的念頭。原爆後的第八天，蜂谷醫生躺在床上若有所思地說：「一個人的死去有多麼難，竟然一度奇蹟般地倖免於難。閃光出現當天，我把死生置之度外，如今卻想活下來，而死亡成了恐怖的場景。」三週後，一塊老舊書法匾額的毀壞給了他一些刺激，匾額上面的詞語取自中國古籍，他再度反思渺小事物「何等珍貴」，藉機傾吐心聲：「當我信心十足認為日本必勝，當我的思緒只圍繞著天皇打轉，無一物是珍貴的。」在當時看來，為了國家，不惜犧牲一切，是完全恰如其分之舉。然而，「現在情況有了變化。自從閃光出現以後，我們全都變得絕望不已，縱使赤手空拳也要對抗，但我們的對抗是必敗的對抗。我們的住家、我們寶貴的家產，再也不是毫無意義，但如今它們已然消失……我感到孤單寂寞，因為我連家都沒了。」

年邁、守寡、失去三子的佐伯太太在描述原子彈墜落當下、自己的所在位置時，傳達出類似的情感。她回憶道，當時一片漆黑，她以為自己死了，卻發現自己還活著，多麼歡喜！正是有這種情感，蜂谷醫生的醫院小群體才能繼續往前邁進；而這種情感確實使得那些描寫日本原爆經歷的傑出作品更顯崇高，井伏鱒二的《黑雨》即是一例。只要重現人際往來與日常生活中最簡單的活動（或者正如井伏鱒二按時序撰寫、篇幅較長的記事所言，只要透過滋養萬物、周而復始的自然韻律），那麼人為致死引發的莫大恐怖就會被抵消並被客觀看待，最終得以跨越過去。

這個痊癒的過程，這個經由看似樸實的活動而做到的跨越，在日記裡一而再、再而三發生。蜂谷醫生對於死者和瀕死者從未避而不談，同時，他對於人們在其他情況下會視為理所當然的諸般奇蹟，全都逐一表達感激之情，從而打造出一個肯定生命的世界。蔬果宛如珍寶，有人帶來桃子，還有一天有番茄，或者葡萄。某日，這群衣衫襤褸的人們在廢墟般的醫院病房裡吃著河裡的鮎魚當作一餐。拿到糖就有了慶祝的理由。香菸帶來近乎發狂的欣喜。沐浴被記錄下來，發現乾淨無瑕的衛生間而獲得的快樂，也被記錄下來。恢復電力是一件大事，初次到來的郵件、第一份送達的報紙也是大事。良好的排便令人心滿意足。當別人正在出血（輻射病的不祥跡象），這可不是什麼微不足道的小事。不過，醫院裡的這一小群人還是會講低級笑話，說著看似無止盡的連篇妙語，藉此提振精神。

就整個日本來說，有各種社會文化作品描繪原爆後幾週和幾月的情景，關注的層面也十分相似，全都跟日本俗語「跨越悵然」有關，也就是從戰敗的立即創傷當中走出來。要再度成為心理健全的個體，那麼振作精神、恢復希望、重獲生命的滋味，全都會是常見的重要環節。最終，要讓戰爭近乎抹殺的個人關係連結與個人的追求，都能恢復過來。本書就是這種思考模式的典型範例，而從這個角度來看，原子彈就是戰爭恐怖感的經典象徵。在日本的背景脈絡下，原子彈象徵著超級愛國主義之荒唐，更象徵著那些試圖打著國家名號、動員民眾踏上軍事征途的人們何等愚昧。

由此看來，蜂谷醫生的記事也可以當成是在描述人們回歸一個本質上很個人的世界，深刻體現人性且充滿私人情感連結，友誼和家庭關係都受到珍惜，每個人的生命都很寶貴，工作（在此例中是指科學醫療工作）是一種救贖。人們工作是為了治癒，為了建構，不是為了傷害。人們想起昔日的仇敵，想起的不是過去的恐懼，而是彼此的結識，還有日後的專業合作。

在這之中有謙遜，也有莊重，當然還有傷感——因為半世紀後的今日，我們所知的事物是當時的蜂谷醫生無從預測的。他以看似樸實的記事手法描繪豐富的內容，每位讀者讀完後，想必都會在心中留下不同的長久印象、不同的片段或畫面。

比如以下這一刻就縈繞在我心頭，久久不去：八月的最後一天，佐伯老太太責罵蜂谷醫生看顯微鏡看太久，當時醫生正在設法了解輻射病導致患者出現的那些怪異又嚴重的症狀。老太太提醒他忘了吃午餐，還有抽太多菸，這些都很傷身。那段內容如下：

「婆婆，」我輕聲回答：「我們以前感到不解的那些事，現在了解其中一些了。」「是嗎？」她回嘴。「那你現在能把病給治好嗎？」

我們當然知道答案是否定的，原子彈造成的後果永遠無法恢復，唯一的希望就是正視它，從廣島原爆事件中記取教訓。

約翰・道爾（John W. Dower）[1]

一九九五年三月二十八日

1 本文作者為美國麻省理工學院歷史學教授、美國藝術科學院院士、美國歷史學會委員。主要研究領域是近現代日本史和美日關係史，是相關領域最重要的學者之一。他的研究著作多次榮獲包括普立茲獎和美國國家圖書獎在內的重要學術獎項。著有《擁抱戰敗：第二次世界大戰後的日本》（遠足文化）等書。

初版序言

廣島原爆劃定了一個新的時代，展現人類自我毀滅的技藝愈趨精進。二戰期間，德日兩國遭受地毯式轟炸，眾多城市被炸毀，但那是分段進行的毀滅，耗時數天或數週，所以城市居民可以趁機逃離或尋找掩蔽物。此外，死者或傷者至少知道自己是被有點熟悉的武器所害，因此不會惶惶不安。然而，一九四五年八月六日，在一個晴朗明亮的廣島早晨，成千上萬民眾當場死亡，更多民眾重傷，二十五萬人的家園被摧毀，這些竟是一顆炸彈墜落後數秒內造成的結果。那天之後，核戰技術有了駭人的進展，人們意識到，對原子武器的縱容竟能永久損害人類這種生物的未來。廣島原爆讓人類面對了一個命運抉擇。

也許有一部分是基於這個原因，我才會在一九五〇年應邀擔任原爆傷害調查委員會（Atomic Bomb Casualty Commission）的外科顧問，任職兩年半。該委員會在廣島與長崎運作，是為了找出這兩座城市在一九四五年遭受原子彈轟炸後，是否發生遞延效應。我多半不在委員會總部服務，而是在日本的醫院和診所工作，因而逐漸了解日本醫療專業並且心生敬佩，跟患者也熟稔起來。於是，我自然想知道人們在原子彈投放後的經歷，而且是把患者當成人看待，不是當成病例。

很巧，我有幸得知廣島通訊醫院的院長蜂谷醫生寫了日記，記錄他身為臥床患者時的經歷。也得知蜂谷醫生的幾位友人認為日記具有史料價值，說服他刊出，即使有些擔心可能要喚起痛苦的記憶，但日記最後還是刊出了。蜂谷醫生的日記連載於《通訊醫學》，這是一本小型的醫學期刊，在日本通訊院的醫療人員之間傳閱。

一九五一年早春，某個多雲、冷得刺骨的下午，我到廣島通訊醫院的會客室拜訪蜂谷醫生，我們喝著熱騰騰的綠茶，問他是否同意我仔細閱讀他的日記，以便譯成英文出版。蜂谷醫生親切答應，把他的原稿和醫學期刊的複印本都交給我處理。

忘了是在哪個時間點決定的，總之我開始監督翻譯工作並負責編輯事宜。我清楚知道這是很個人的責任。我讀不懂日文，只能完全仰賴字典與文法書，費力辛苦地工作。多虧了月藤春雄（英文名為尼爾 [Neal Tsukifuji]）醫生的協助，幫助我克服了這道難以跨越的障礙。月藤春雄是位傑出又年輕的日裔醫生，生於洛杉磯，在美國和日本接受教育，當年擔任我的助理與口譯員。我們在翌年的閒暇時間，比如週末、假期、晚間，把日文日記翻譯成簡單的英文。對於日記裡的詞彙、用語、句子的意義有任何疑問的話，我們都會請教蜂谷醫生，力求譯文準確無誤，同時保留日本慣用語。我們跟日記提到的許多人物見面談話，還跟蜂谷醫生一起造訪他描述過的所有地方。我努力重溫蜂谷醫生的經歷，這番努力很成功，我夢見轟炸的畫面，有時還會被嚇醒。

日文如同其他的東亞語言，當中蘊含的莊重、奧妙、美好，極難翻譯成英文。然而，確實做得到，小泉八雲撰寫的動人散文就是明證。也許是因為我選擇小泉八雲作為榜樣吧，所以我耗時三年修改及編輯原始的粗糙譯文，期許蜂谷醫生傳達的價值觀裡的平衡、樸實、品質，我都能一一保留下來。

我盡量把譯文中需要解釋的部分控制在必要程度。我使用註腳來說明專業醫療詞彙，把了解文本所需的背景資訊提供給讀者，偶爾為那些難以翻譯的日本詞彙提供近似義。在文本前面提供人物介紹，似乎頗有助益。我保留日本採用的公制測量單位，只把較長的距離改成英里，攝氏溫度則改成華氏。

除了月藤春雄醫生外，我還要感謝廣島的友人提供協助，我都會抓住機會祈願他們健康、順心、長壽。萬分感謝密西根大學地理學教授暨日本研究中心主任羅伯特·霍爾（Robert B. Hall）博士，在他的引介下，我初次體驗日本；霍爾對於人類及其在這世上的位置，提出明智的忠告與頗具遠見的思考模式，他帶來的幫助無可計量。亦要感謝羅伯特．沃德（Robert Ward）博士、約翰．霍爾（John Hall）博士、理查．貝爾茲列（Richard Beardsley）博士、米沙．提蒂耶夫（Mischa Titiev）博士、山極越海（Joseph Yamagiwa）博士、道格．艾爾（Dougal Eyre）博士，他們是密西根大學社會學、歷史學、人類學、日文、地理學的教師，也都隸屬於日本研究中心。如果世上所有大使都能達到他們的品質水準，那就再也不會爆發戰爭。

在此感謝原爆傷害調查委員會與美國科學研究院國家研究委員會（National Research Council of the American Academy of Science）的眾多人員提供協助，特別感謝原爆傷害調查委員會的前任會長格蘭特．泰勒（Grant Taylor）博士和卡爾．泰斯莫（Col. Carl Tessmer）上校。

謝謝出版人暨醫學史與科學史權威亨利．舒曼（Henry Schuman）先生從一開始就為我提供協助、建言、鼓勵。還要感謝法蘭西絲．葛雷．巴頓（Frances Gray Patton）以感同身受的角度閱讀譯文初稿，還貼心地把我引薦給北卡羅萊納大學出版社（University of North Carolina Press）的社長。我尤其感激出版社團隊，他們所給予的協助與建議已遠遠超出一般職責範圍，是實至名歸的合作夥伴。

在此也希望傳達謝意給我的祕書伊莉莎白．狄克森（Elizabeth Dickson）太太，她提供專業的速記協助。

在處理原稿時，我有幸向一位多才多藝的人尋求協助。她會拼出一個字、造出一句話，或重新打出一份更正的原稿。她從來不會忙到無法把她的洞見與判斷告訴我，從來不會因打理住家及照顧五個孩子而累到無法鼓勵我、無法確保我凌晨一點有一壺熱茶可喝。只是一句感謝，仍不足以表達我對她的謝意。

若這本日記有助於提醒大家記起當時情景，激起大家的想像，調整大家對戰爭（尤其是原子戰爭的恐怖）的想法，那麼我們所有人就會獲得難以計量的回報。畢竟，倘若我們無法活出自身的人性，我們就註定步上毀滅。

華納．威爾斯（Warner Wells, M.D.）[2]

一九五五年三月十五日

2 本文作者為美國版《廣島醫生》譯者。

地點與人物

蜂谷醫生開始寫日記時，並未想過將來可能會刊出，所以他覺得沒必要說明醫院的背景，以及身為主要人物的員工。廣島通訊醫院的服務對象是通訊院廣島地區的員工，通訊院負責管理日本的郵政、電報、電話服務。廣島市約有五十萬居民，是廣島縣的首府，整個縣的人口則超過兩百萬人，因此通訊醫院成為舉足輕重的機構。醫院員工約二十人，床位一百二十五張，但床位的數量並未如實反映醫院的營運規模，因為日本跟美國一樣，不需住院的門診服務，其規模往往大過於住院服務。

通訊醫院緊鄰通訊局[3]的主要辦公區，兩棟建築物都是穩固的鋼筋混凝土結構。轟炸過後，通訊局成為醫院的附屬建築。這兩棟建築物距離原爆中心約一千五百公尺，坐落於大型軍區（廣島軍營）的東北邊界，而廣島軍營已徹底被摧毀。蜂谷醫生的住家距離醫院僅有數百公尺。

在廣島遭受轟炸之前，日軍預見可能會有突襲發生，於是在數個月前就已拆除數以千計的屋舍用來設置防火巷，並疏散了大部分人員。隨後，蜂谷醫生行使職權，把住院患者撤離到內陸，因此在轟炸發生當下，醫院其實空蕩無人。

以下列出日記裡的主要員工和其他人物：

秋山醫生：婦產科主任。
長堂醫生：牙科醫生。
藤井醫生：牙科主任。
蜂谷醫生：醫院院長暨本書作者。
鼻岡醫生：內科主任。
原田醫生：藥師。
雛田小姐：醫院護理師。
檜井醫生：總藥師。
井口先生：通訊局司機。
井町先生：行政人員，兼任大廚。

3 通訊院是中央機關，通訊局是通訊院的地方分支機構。

磯野先生：在吉田先生去世後擔任廣島通訊局局長。
賀戶小姐：蜂谷醫生的看護。
勝部醫生：外科主任。
喜多島醫生：廣島衛生課課長。
北尾先生：行政人員。
小山醫生：副院長兼眼科主任。
溝口先生：之前是辦公室職員，目前擔任軍需官、配給督導、醫院行政主管、公關人員、糾紛調解人。
森杉醫生：內科醫生。
岡本先生：通訊院西部總局長。
大倉醫生：牙醫。
佐伯太太：被歸為清潔婦，但這個稱謂對佐伯太太不公。她失去丈夫與三個兒子，他們全都死於戰爭。身材結實、性格堅定的她，已熟悉悲傷、艱辛、窮困的滋味。對於醫院的職員、患者、訪客來說，她是朋友、顧問、參謀、母親。大家通常叫她 baba-san，意思是「婆婆」。

佐佐木先生：蜂谷醫生的鄰居與友人。
笹田醫生：兒科主任。
世良先生：醫院事務長。
鹽田先生：事務部人員。
薄田小姐：護理督導。
高尾小姐：勝部醫生的外科護理師。
玉川醫生：廣島醫學院病理學教授。
潮先生：總務課課長。
八重子：蜂谷醫生的妻子。
山小姐：外科護理長。
山崎先生：事務部人員，負責火葬。
吉田太太：前通訊局局長的妻子。

一九四五年八月六日

時刻尚早，清晨靜謐、暖和又美好。閃閃發亮的葉片反射著無雲的天空灑落的陽光，與我家院子裡的陰影形成宜人的對比。於此之際，我的視線穿越了一扇扇朝南大開的拉門，漫不經心往外凝視。

穿著內褲汗衫的我攤開四肢，躺在客廳地板上，疲憊不堪，因為我一夜沒睡，在醫院以民防隊員的身分值勤。

忽然間，一道強烈的閃光嚇了我一跳，隨即又是另一道閃光。人會把小事記得很牢，我清楚記得院子裡的一座石燈籠霎時亮了起來，我思忖著這團光芒究竟是來自鎂粉做的照明彈，還是一輛有軌電車駛過所散射的火花。

院子裡的陰影頓時消失不見，上一刻的景象如此明亮又晴朗，下一刻卻是黑暗又朦朧。塵土飛揚，我勉強才能看清那根支撐屋內一角的木柱，它已嚴重傾斜，屋頂危險下陷。

我出於本能動了起來，試圖逃離，但瓦礫和掉落的木材卻擋住去路。我小心翼翼慢慢往外走，終於走到緣廊，往下步入院子。我頓時虛弱至極，只好停下腳步，等體力恢復。我發現自己竟是赤身裸體，好奇怪！我身上的內褲汗衫哪裡去了？

發生什麼事？

我身體的整個右側都是刺傷，正在流血，大腿有一道嚴重的傷口，上面插著一塊大碎片，還有一股溫溫的東西流進我的嘴裡。我放輕動作去摸才發現，我的臉頰撕裂，下唇有道大裂口。我的頸部插著一大片玻璃，我不帶感情強行移除，沒有嚇得目瞪口呆，只是細看著那片玻璃和我那隻沾了血的手。

妻子呢？

我突然陷入驚慌，開始大喊妻子的名字：「八重子！八重子！你在哪？」血湧了出來，我的頸動脈割傷了嗎？我會不會失血而死？驚恐不已又失去理性的我再度大聲呼喊：「是五百噸的炸彈！八重子，你在哪？五百噸的炸彈掉下來了！」

八重子抱著手肘，從曾經是我們家的廢墟裡現身。她受到驚嚇，臉色慘白，衣服被撕爛又沾染鮮血。見到了她，我才鬆一口氣。不再那麼驚慌後，我試著安撫她。

「我們會沒事的。」我叫嚷著：「只是要盡快離開這裡。」

她點點頭，我比了手勢，要她跟在我後面。

通往街道的捷徑要穿過隔壁房舍，於是我們穿了過去，跑步，踉蹡，跌倒，又跑起來，不久就被某個東西給絆倒，跌在街上。站起身子才發現，我是被某個男人的腦袋給絆倒。

「對不起！很對不起！」我歇斯底里哭了出來。

沒有回應。因為對方已經死了。那顆腦袋是某位年輕軍官的，他的身體被巨大的門壓扁。

我們佇立街邊，恐懼不安。對面一棟屋子接著傾斜，然後裂開，幾乎倒塌在我們腳邊。我們家也開始傾斜，一分鐘後跟著倒塌，化為塵土。其他建築物不是塌陷就是傾倒。火舌冒了出來，被狂風煽動而往外擴散。

這時我們才終於意識到，不能再待在街上了，於是往醫院[4]走去。現在，我們沒有家了；我們還受傷了，需要治療；而且我的職責是要跟員工同進退。最後一個想法很不理性——我傷成這樣，還幫得了別人嗎？

我們開始往醫院前進，但走了二、三十步，卻不得不停下來。因為我呼吸急促，心臟劇烈跳動，雙腿又無力。而且我極度口渴，懇求八重子找水給我喝，但找不到。

過了一會兒，我恢復一些體力，繼續行進。

我依然赤身裸體，雖然不覺得害羞，卻清楚知道「得體」二字已離我遠去，不由得心煩意亂起來。在街邊一個轉角附近，我們遇到一位士兵，無所事事站著，肩上掛著一條毛巾，我問他願不願意給我毛巾遮身體。他心甘情願交出毛巾，不發一語。沒多久，毛巾被我弄丟了，八重子於是脫下圍裙，綁在我的腰腹上。

我們前往醫院的速度無盡緩慢，最後我的兩條腿因血液乾涸而僵硬，再也撐不起我，體力甚至意志也都拋下了我。妻子的傷勢跟我差不多，但我叫她先走。她不贊成，卻別無選擇，只好一個人繼續前進，並設法找人回來幫我。

八重子望著我的臉好一會兒，然後不發一語地轉身，跑向醫院。她一度回頭揮手，但很快就消失在幽暗之中。天色昏暗，加上妻子離開，可怕的寂寞感壓倒了我。

我想我倒在路上時，整個人已經神智不清。等我回過神來，才發現大腿上的血塊已經脫落，血又像泉水一樣從傷口湧出。我用一隻手壓住出血部位，沒多久血止住了，感覺好了些。

4 蜂谷醫生的住家距離醫院僅有數百公尺。

我還走得下去嗎？

我試過了。我的傷口、昏暗天色、前方的路，簡直是惡夢一場。我的動作從來沒這麼緩慢過，只有我的腦袋在高速運轉。

終於，我來到一個空闊之地，這裡原本的屋舍已被移除，做出了防火巷。靠著暗淡的光線，我認出前方是通訊局龐大水泥建築物的朦朧輪廓，後方是通訊醫院。我的精神為之一振，因為我知道現在會有人發現我；萬一我死了，至少會有人發現屍體。

我停下來休息，周遭逐漸清晰起來。眼前的人們形體模糊，有些人如同遊魂，其餘的人則彷彿處於疼痛之中，像稻草人那樣伸出手臂，前臂和手掌懸空。這些人的狀態讓我摸不著頭緒，後來我才頓悟——因為他們被燒傷了，伸出手臂才能避免焦爛的皮膚摩擦時的劇痛。一名裸女抱著裸嬰進入視野，我移開目光，也許他們剛才是在泡澡，但接著我看見一名裸男，這時我才想到，他們跟我一樣，都被某個怪異的東西奪走了衣物。一名老婦人躺在我附近，露出痛苦的表情卻一聲不響。確實，我看見的人都有個共同點——徹底的沉默。

能走的人，都朝著醫院的方向走。我等體力恢復之後，就加入了這列陰鬱的隊伍，終於抵達通訊局的大門。

熟悉的環境，熟悉的臉孔，有井口先生、吉廣先生，還有老友世良先生，他是事務長。他們趕忙過來幫我一把，一見到我受傷，開心的表情立刻轉為驚慌。我看到他們，實在太開心，無從體會他們的憂慮。

沒時間打招呼了。他們小心翼翼把我放到擔架上，抬著我進入通訊局大樓。我抱怨說我走得動，但他們毫不理會。之後，我才得知醫院人滿為患，不得不把通訊局當成急救醫院。科室和走廊都擠滿人，我認出很多人都是鄰居。在我看來，好像整個社區的人都在這裡了。

朋友們抬著我穿過一扇開啟的窗戶，進入清潔員工作室，這裡才剛轉為急救站。放眼望去凌亂不堪，灰泥掉落，家具損壞，牆壁龜裂，地板散落著殘骸，沉重的鋼製窗框扭曲變形，幾乎脫離原位。要在這種地方幫傷者包紮，實在不理想。

我大吃一驚，我的看護賀戶小姐、溝口先生、佐伯老太太竟然出現在這裡。賀戶小姐檢查我的傷口，不發一語。沒有任何人說話。我請他們給我一件汗衫和長褲，他們拿來給我，但還是沒人開口。大家怎麼這麼安靜？

賀戶小姐檢查完不久，我的胸腔彷彿有火在燒，她於是用碘塗抹我的傷口。即使我痛得不斷哀求，她也沒停手。我別無選擇，只能繼續忍受碘帶來的疼痛。我望向窗外，努力轉移注意力。

通訊醫院就在正對面，部分屋頂和三樓的日光房清晰可見。我抬頭望去，觸目所及讓我頓時忘掉傷口的刺痛——日光房的窗戶不斷冒出熊熊濃煙，醫院失火了！

「失火了！」我大喊：「失火了！失火了！醫院失火了！」

朋友們都抬頭望過去。沒錯，醫院失火了！

警報響起，四面八方的人們接續大喊。事務長世良先生的高音特別突出，他的聲音好像是我那天聽到的第一個人聲。不尋常的寂靜就此結束，我們的小小世界陷入一片混亂。

我記得兒科主任笹田醫生進來努力安撫我，但現場一片嘈雜，我幾乎聽不到他說什麼。我聽到檜井醫生的聲音，接著是小山醫生。兩人都大聲下令，叫所有人員立刻撤離。他們的呼喊魄力十足，彷彿光憑聲音的力道，就能讓那些慢吞吞的人加快腳步。

醫院冒出的火焰往上竄升，照亮天空。眼看通訊局很快就會被波及，世良先生於是下令撤離。我的擔架被移到後院，放在一株老櫻樹下。其他患者若不是自行蹣跚進入院子，就是被抬進來。很快這裡就擠滿了人，只有傷勢最重的患者才能躺下。無人開口說話，眾人不安、痛苦、緊張、害怕，等待著下一步。壓抑的窸窣聲，緩和了不詳的寂靜。

天空被黑色的煙霧與灼熱的火星填滿。火焰竄升，在高溫推動下，上升氣流變得異常強勁，一片片鋅皮屋頂被猛力掀起拋飛，快速旋轉，低鳴作響，往各個方向飛去。一塊塊燃燒的木頭宛如火紅的燕子，往上直竄，又向下墜落。我努力撲滅火勢時，一塊炙熱的炭燙到我的腳踝。我不能待在這裡，以免被活活燒死。

通訊局開始燒了起來，一扇扇窗戶化為一格格火框，最後整棟建築成為劈啪聲和嘶嘶聲四起的地獄火海。

灼熱的風在我們周遭不斷怒吼，把塵土灰燼都煽進眼與鼻。我們的口腔乾燥不已，刺鼻的濃煙灌進肺裡，把喉嚨燻得灼痛乾澀，失控地咳了起來。我們原本可以往後退，但後方的一群木製棚屋如火種開始燃燒。

最後我們實在受不了高溫，只能放棄院子。逃得了的人就逃，逃不了就死。我原本會死在這裡，還好我的摯友再度前來援救，把我的擔架抬到通訊局另一側的大門。大門這裡已經聚集一小群人，而我就是在此處找到妻子。笹田醫生與賀戶小姐加入我們。

狂風煽動烈焰，建築物一棟接一棟陷入火海，沒多久我們就被包圍了。我們在通訊局前方據守的區域，在火焰沙漠之中宛如綠洲。隨著火焰逐漸逼近，高溫變得愈發逼人。要不是我們這群人當中有人處變不驚，使用消防水帶裡的水[5]淋溼我們，那麼很可能所有人都難逃一死。

但我被淋得太溼了，所以即使這裡很熱，我卻開始發抖，心臟劇烈跳動，周邊一切開始旋轉，最後我前方的所有東西都變得模模糊糊。

「好痛苦。」我以微弱的聲音喃喃自語道：「我受夠了。」

我聽到人聲，起初像是從遠方傳來，最後聲音大得彷彿就在近處。我睜開眼，笹田醫生正在用手測量我的脈搏。發生什麼事？賀戶小姐幫我注射，我的體力逐漸恢復。我剛才一定是昏倒了。

巨大的雨滴開始落下。有些人以為雷雨將至，會把火勢撲滅，但雨勢反覆無常，先下了一些，又下了一些，而這些就是全部了[6]。

通訊局一樓現在已陷入熊熊火海，火焰快速往大門附近、我們的小綠洲擴散。那時我難以掌握情況，遑論採取行動。

鐵窗在大火下鬆脫，砸到我們後方的地面。一團火球從旁呼嘯而過，我的衣服因此燒了起來。他們再度用水把我淋溼，此後我就不太清楚情況了。

我因為疼，所以確實記得檜井醫生。因為當時他用力拉我的腳，我覺得很痛。我記得自己被移動，確切地說是被拖行。我集中全副心力，對抗被迫承受的折磨。

我接著記起的是一處開放區域。想必火勢有所減弱。我活了下來，朋友們再次成功救我一命。

一顆腦袋從防空洞裡冒了出來，我聽到那個明顯是佐伯老太太的聲音說：「醫生，振作起來！一切都會沒事的。北邊已經燒光，不用擔心還有什麼東西會被燒掉了。」

佐伯老太太安撫我的樣子，好像我是她兒子似的。確實，她說的沒錯，廣島市北側全被燒光了。天色依舊昏暗不明，這時到底是傍晚還是中午，我分不清楚，也許是隔天了。時間已失去意義。我所經歷的，彷彿只發生在一瞬間，又像是在漫長的永恆裡度過。

---

5 自來水管從北邊進入廣島市，而通訊局位於廣島市北側，因此供水並未被摧毀。

6 原爆後，有很多報告指出，廣島市降水稀缺。根據描述，雨珠又大又骯髒。有些人認為，雨水裡充滿輻射塵。

煙霧仍從醫院二樓冒出，但火已不再延燒。我心想，這是因為沒有東西可以燒了吧。但我後來得知，醫院一樓逃過毀滅一劫，主要是小山醫生與檜井醫生勇敢又努力的功勞。

街頭空無一人，唯有死者在場。有些死者貌似在全力逃離時被死神給凍住；有些死者四肢攤開躺臥，好像有某個巨人把他們從高處拋下，墜地而亡。

廣島再也不是一座城市，而是一大片被燒盡的草原。由東到西，一切都被摧毀。遠山似乎比我記得的更近了，牛田的丘陵與饒津的森林在煙霾之中若隱若現，彷彿臉上的鼻與眼。屋舍盡皆消失，廣島變得好小。

風起了變化，煙霧再度讓天空暗了下來。

忽然間，我聽到有人大喊：「飛機！敵機！」

都已經發生這種事了，敵機還會來嗎？還有什麼可以轟炸？我聽到某個熟悉的人名，思緒就此中斷。

某位護理師喊了勝部醫生。

「是勝部醫生！是他！」佐伯老太太叫嚷著，語氣歡欣。「勝部醫生來了！」

真的是勝部醫生，我們通訊醫院的外科主任。但他好像沒發現我們，匆匆經過，直衝醫院。敵機的事被我們拋在腦後，我們非常高興勝部醫生活著回歸。

我還沒來得及反對，朋友們就把我往醫院方向抬去。雖然距離醫院只有短短一百公尺，卻已讓我的心臟劇烈跳動、噁心頭暈。

我仍記得我的臉和嘴唇被縫合時，我身體底下的桌子有多硬，我有多痛。但我卻完全想不起來，入夜前勝部醫生其實幫我縫合了其餘四十多處傷口。

他們把我移到隔壁房間，我記得自己感到放鬆，睏倦不已。太陽西落，天空染上暗紅色。這個燃燒中的城市，把天堂都烤焦了。我凝視著天空，直至睡意襲來。

一九四五年八月七日

我一定睡得很沉，因為當我睜開眼，刺熱的陽光正照在身上，沒有百葉窗或窗簾用來減弱強光，也沒有窗戶。

患者的呻吟聲鑽進我的耳朵。所有東西都一團混亂。器械、窗框、殘骸散落在地。牆壁與天花板滿目瘡痍，有挖鑿的痕跡，好像有人在表面撒了芝麻籽。痕跡多半是飛濺的玻璃片造成，但較大的損傷則是橫飛的器械和窗框碎塊所致。

在一扇窗附近，一個器械櫃倒了下來。耳鼻喉檢查椅的頭枕被撞落，一盞破日光燈倒在椅上。舉目所見，盡是破損凌亂。

昨天照顧我的笹田醫生躺在我的左側，我原本以為他沒事，現在仔細一看才發現他嚴重燒傷，從手臂到手指都纏著繃帶，那稚氣的臉龐也腫脹得判若兩人。要不是我認得他的聲音，只憑他現在的模樣絕對認不出是他。

妻子則躺在我的右側，右臂用吊帶固定著，臉上塗滿白色藥膏，貌似鬼魂。僅受輕傷的賀戶小姐位在我和妻子中間，她一整晚都在照顧我們所有人。

妻子見我醒了，轉向我說：「昨天晚上，你好像很痛。」

「沒錯，」賀戶小姐附和道：「我檢查你的呼吸檢查了好多次。」

我認出藤井醫生的妻子，她坐在牆邊的長凳上，一動也不動。神色悲痛且絕望。我問賀戶小姐發生了什麼事，她回答：「藤井太太傷勢不重，但她的寶寶重傷，昨天晚上死了。」

「藤井醫生在哪？」我探問道。

「他們的長女失蹤。」她回答：「他一整晚都在外面找她，還沒回來。」

小山醫生進來關心我們的狀況。看到他頭纏繃帶，手臂用吊帶固定，我立刻熱淚盈眶。他工作一整夜，直到現在還是想著別人，沒顧著自己。

外科的勝部醫生，還有外科護理師高尾小姐，都隨行於副院長小山醫生身旁。他們全都疲憊憔悴，身上的白色衣物髒汙、沾了血。我得知司機井口先生用汽車電池和大燈拼湊出一個急救手術燈，在電力耗盡、天亮之前，幫助醫護人員順利動完了手術。

小山醫生注意到我很擔心，於是說：「醫生，一切都沒問題。」

勝部醫生給我做了簡單檢查，也量了脈搏，如此表示：「你的傷口很多，但還好都不是致命傷。」

他接著說明傷口狀況、做了什麼治療。我很驚訝我的肩膀竟然嚴重割傷，但他對我的復原情況表示樂觀，讓我鬆了一口氣。

「醫院現在有多少患者？」我問小山醫生。

「大約一百五十個。」他回答：「已經死了很多人，但還是有很多患者連立足之地都沒有。到處擠滿人，連廁所也都是人。」

勝部醫生點了點頭，繼續說：「大約有六個在樓梯下，五十個在前院。」

他們討論了重整秩序的方法，最起碼走廊要可以通行。

一夜之間，患者有如壽司米粒，擠滿醫院各個角落。他們絕大多數是重度燒傷，有一些則是其他類型的重傷。全部都是命在旦夕的重症。院內很多人是從市中心附近開始努力逃難，但只逃到通訊醫院體力就用盡了。而本來就在醫院附近的民眾特地前來，可能是為了尋求治療，也或許是因為附近都被炸平了，而這棟建物相對完整，兀自矗立，所以自然成為一個收容所。於是人群如雪崩般湧來，但醫院實在難以負荷。沒有親友照料患者的需求，無人準備患者的食物[7]。一切盡皆失序。還有嘔吐與腹瀉使情況愈加嚴重。不良於行的患者在躺臥之處排尿排便，還能行走的患者摸索著路前往出口解放。進出醫院的人免不了踩踏穢物，也因此擴散了穢物。一夜之間，大門入口覆滿糞便，卻無計可施，因為沒有便盆；就算有便盆，也沒人拿給患者。

處置死者算是小問題，大問題是病房和走廊的尿液、糞便、嘔吐物沒辦法清理。燒傷患者最為痛苦，因為他們的皮膚剝離脫落，血淋淋的傷口直接承受高溫與穢物。這就是患者置身的惡劣環境，令人寒毛直豎，卻沒辦法改善。

我躺在那裡靜靜聽著同樣模式的對話。實在難以相信。

「我什麼時候可以下床？」我問勝部醫生。「也許我可以幫點忙。」

「要等縫合的傷口癒合才行。」他回答：「最起碼要一星期。」

隨後他們離開病房，我好好想了一下。

想沒多久，又有人來了。醫護人員一個接一個進來關心我的傷勢，祝我早日康復。有些訪客讓我很不好意思，因為他們的傷勢看起來跟我一樣嚴重。如有可能，我想我會隱瞞自己的下落。

---

7 依照日本習俗，住院患者應自行準備寢具、食物、廚具、碳爐。而且會有一位親友陪在患者身邊，負責料理食物並提供床邊護理。

我的故鄉遠在一百四十五公里外[8]，岡山醫學會會長西村醫生特地從那裡一路趕來。以前我們在醫學院是同班同學，他是划船隊的隊長。一見到我，他眼裡盈滿淚水，望著我好一會兒，然後驚呼道：「啊，我的老友！你還活著真是太好了！怎麼樣，你還好嗎？」

他沒等我回答就繼續說：「昨天晚上，我們聽說廣島被新型武器攻擊。他們說損害輕微，但我想親眼看看，而且如果這裡還需要醫生，我也可以幫忙，所以我就弄了一輛貨車南下。沒想到我們一抵達，發現這裡的情況真是糟到不行。你真的沒事嗎？」

他再次不等我回答，繼續描述他進城時在貨車上目睹的心碎畫面。這些都是我們首次聽到的細節，因此我們凝神傾聽。

他開口說話時，我滿腦子想著年邁的母親。她住在岡山附近的鄉下，恐懼與不安感肯定正在折磨著她。西村醫生說完後，我問他願不願意幫我傳話給母親，還有住在岡山的妹妹，請跟她們說八重子和我都很平安。他向我保證他會把話傳到，離開前還許下承諾，說他會召集醫護人員立刻組成醫護團隊，南下到這裡來。

田淵醫生（來自牛田的老友）進入病房，他的臉與手都被燒傷，但不嚴重。互相問好以後，我問他知不知道發生什麼事。

「爆炸當下，我正在後院修剪樹木。」他回答：「我先是看到一道炫目的白色閃光，還有一股強烈的熱浪打在我的臉頰上。正當我覺得奇怪，巨大的衝擊波緊接著來了。」

「衝擊波強到把我給撞倒，」他繼續說：「但幸好我沒受傷，妻子也沒事。但你應該要看看我們的房子！沒有塌，但傾斜了。我從沒見過這麼混亂的狀況，裡裡外外的一切都毀了。就算這樣，我們還活著就值得開心，而且我們的兒子亮司也活了下來。剛才沒跟你說，衝擊波過後發生了可怕的火災，而他那天早上剛好進城辦事，我們多麼希望他能活下來。到了半夜左右，我們幾乎放棄希望，但這時他回家了。」他繼續說：「嘿，要不要一起回我家？雖然我家現在沒什麼可以看的，但總比這裡好。」

我不可能接受他的好心邀約，但也不想傷他的心，設法婉轉回絕。

「田淵醫生，」我說：「你好心邀約，我們感激不盡，可是勝部醫生剛才告誡過我，我一定要躺著不動，直到傷口痊癒為止。」

田淵醫生勉強接受我的解釋，然後他躊躇了一會兒，準備離開。

---

8 蜂谷醫生在岡山出生、受教育。岡山是位於廣島東邊內海附近的大都市，也是文化中心。

「請留步。」我說：「昨天發生的事，請多說一些吧。」

「那景象好可怕。」田淵醫生說：「數百個傷者經過我們家，努力逃向丘陵。他們的模樣令人不忍直視。他們的臉和手全被燒傷，腫了起來；大片皮膚脫落，像稻草人身上的破舊衣物那樣垂掛著。他們如同一列螞蟻般移動。整個晚上，他們不停從我們家前面經過，今早卻停了下來。我發現他們躺在道路兩側，密密麻麻擠在一起，不可能不踩到他們。」

我躺在病床上，雙眼緊閉，聽著田淵醫生說的話，想像著他描述的恐怖情景。勝谷先生進入病房時，我沒看見他，也沒聽見他。直到我發現有人在啜泣，這才注意到他，認出了這位老友。我認識勝谷先生多年，就算我知道他這個人很感性，但親眼看他情緒崩潰，我還是不由得熱淚盈眶。他從地御前[9]一路趕來，現在他找到我了，激動不已。

他轉向笹田醫生，斷斷續續說道：「昨天根本沒辦法進入廣島，不然我早就來了。直到今天，有些地方的火勢都還沒停。你真應該親眼看看市區的變化。今早我去三篠橋[10]，發現眼前的一切都不見了，甚至連廣島城也沒了。在這附近，只剩這裡還有建物。當我仍在遠處，還沒走近，就已經隱約看到通訊局。」

勝谷先生停下來喘了口氣，接著說：「我真的是沿著鐵軌走才走到這裡。鐵軌上散落著電線和破損的車廂，到處躺著死傷的人。當我走到橋邊，還看到一幕可怕的景象，令人難以置信——有一個死透的人坐在腳踏車上，車體倚著橋的欄杆。很難相信會發生這種事！」

他反覆說了兩三遍，彷彿要說服自己句句屬實。他繼續說：「大部分的死者好像在橋上或橋下。看得出來，很多人往下走到河邊喝水，然後就死在那裡。我還看到幾個活人待在水中，跟順流而下的死屍相撞。肯定有成百上千人逃到河裡躲火，但卻溺死了。」

「不過，比起順流而下的死者，士兵的狀況更慘。我看到不知多少位士兵臂部以上燒傷，皮膚脫落的部位則是溼爛的。他們想必戴著軍帽，因為頭頂的黑髮沒有燒焦，看起來像是戴著黑色的漆碗。」

「而且他們沒有臉！眼睛、鼻子、嘴巴都已經燒到沒了，耳朵看起來也融化了，正面背面很難區分。有一位毀容的士兵，只剩下突出的白齒，請我給他一點水，但我

---

9 距離廣島市西南方大約十六公里、濱臨瀨戶內海的村莊。

10 太田川的大橋，位於廣島市的北方，離古老的廣島城不遠，距通訊醫院僅有幾個街區。

一滴也沒有。我雙手合十，為他祈禱。他再也沒開口。他為了討水喝而提出的懇求，想必是遺言。看他們燒傷的樣子，我揣想爆炸時，他們應該沒有脫掉外套。」

勝谷先生傾吐完這些駭人的經歷，似乎多少寬心了一些。他說的恐怖故事很吸引人，沒人打斷他。有幾個人進入病房，留下來繼續聽。有人問他，爆炸發生時，他在做什麼。

「我才剛吃完早餐，正要點菸，」他回答：「突然間，我看見一道白色閃光，隨後是巨大的衝擊波。我根本來不及思考，尖叫一聲後就衝進防空洞。緊接著是一陣我從沒聽過的衝擊波，好可怕！我馬上衝出防空洞，把妻子推進去。我意識到廣島一定發生了可怕的事，於是爬到倉庫屋頂看一下。」

勝谷先生變得更激動，狂比手勢，繼續說：「往廣島的方向看過去，我看到一個巨大的烏雲鼓脹升起，像是夏天胖乎乎的雲朵。我當時很清楚，廣島市一定發生了可怕的事，所以就從倉庫上跳了下來，直奔廿日市[11]的軍事哨所。我跑向值日軍官，把我看見的情況告訴他，求他派人前往廣島協助，但他沒認真理我。他擺出威脅的臉色，瞪著我好一會兒，然後你知道他說什麼嗎？他說：『沒什麼好擔心的，一兩顆炸彈傷不了廣島。』跟那個笨蛋講根本沒用！」

「我是退役軍官協會當地分會的高級軍官，可是就連我也不知如何是好，因為我轄下的村民那天都被派去宮島[12]從事勞動服務。我到處找人幫忙組成救援隊，但都找不到人。正當我在找幫手時，傷者開始湧進村裡。我問他們發生了什麼事，但他們只說廣島被毀了，大家都在逃難。我一聽完就跨上腳踏車，趕快騎往五日市。抵達後，看到路上擠滿了人，每一條巷弄都是人。」

「我再試著了解到底發生什麼事，但沒有人能給我一個明確的答案。我問他們從哪裡來，他們指著廣島的方向說：『這裡。』我問他們要去哪，他們指著宮島的方向說：『那裡。』大家的回答都一樣。」

「我在五日市附近沒看見重傷或燒傷的人，可是到了草津，幾乎人人重傷。愈接近廣島，重傷者愈多。等我到了己斐[13]，民眾的傷勢已嚴重到我不忍望向他們的臉，他們聞起來像是正在燃燒的頭髮。」

---

11 位於往廣島方向、地御前的北邊。

12 亦稱「聖島」，日本七大美景之一，島上的嚴島神社有宏偉的樟木鳥居，雄偉地矗立於海上，是進入島上的門戶，在地御前的南方就可清楚看見。

13 廣島市最西側的火車站，茶臼山的山坡跟廣島三角洲的交會處。

勝谷先生停下來深吸一口氣，繼續說：「己斐站附近沒有被燒到，但己斐站和附近的房子都嚴重受損，車站月臺每一寸都擠滿傷者，有的站著，有的躺下。他們全在討水喝，不時還會聽見小孩在喊媽媽。聽我說，那是人間煉獄，那真的是人間煉獄！」

「今天也還是一樣。」

「鼻岡醫生昨天就來醫院了嗎？我在己斐看見他越過電車的棧橋，朝這個方向過來，但我簡直不敢相信，他竟然能穿越火場。」

「沒有，我們沒看到他。」某個人回答。

勝谷先生若有所思，點了點頭說：「我離開己斐站，前往己斐小學。那時，小學已轉為急救醫院，擠滿重傷的患者，連運動場也滿滿都是死者和瀕死之人，看起來就像一條條等著晒乾的鱈魚。他們躺在烈陽底下，令人同情。連我都看得出來，他們全都會死。」

「傍晚，在返回公路的途中，我遇到了妹妹。因為她住在十日市，我本來以為她死了，沒想到她還活得好好的！她好開心，說不出任何話，就只是不斷地哭，這就是喜極而泣吧。有些好心人跟我一起製作擔架，把她抬回我位於宮島口附近地御前的住處。我住的小村莊離廣島很遠，但就連這裡都成了人間煉獄，每一間神社、每一座廟宇都擠滿傷者。」

勝谷先生把他目睹的情況全說了出來。他離開我們的病房後，沒有直接回家，反而留下來協助傷者。

聽完西村醫生、田淵醫生、勝谷先生說的故事，可以確定廣島已經毀了。我見的夠多，很清楚損害嚴重，但他們向我訴說的情況，還是令人難以置信。

一想到傷者躺在烈陽下討水喝的場景，就覺得自己待在這裡好像犯了罪。相較之下，患者不得不躺在廁所堅硬的水泥地上，對此我就不再感到那麼愧疚了。

我的思緒回到自己身上。

「要是我沒受傷就好了。」我思忖著：「這樣我就可以做點事，不用當一個患者躺在這裡，還要同事來照顧。我受傷又無助，陷入困境。明明有那麼多事要做！」

幸好，我陰鬱的思緒被某人打斷了——此人就是通訊醫院負責內科的鼻岡醫生。

勝谷先生剛才跟我們說過，最後是在廿日市看到他。

「蜂谷醫生，在這裡看到你，我有多開心你知道嗎！」鼻岡醫生驚呼道。「看到廣島發生這些事，就知道任何活下來的人都是奇蹟。」

「鼻岡醫生，我們很擔心你。」我回答：「幾分鐘前，勝谷先生才跟我們說，他昨天在己斐站看見你往廣島的方向消失了。你去了哪裡？怎麼來的？」

「我也很納悶自己是怎麼到這裡的。」鼻岡醫生說：「我跟你說說發生了什麼事。有人告訴我，一個特殊的新型炸彈被投在護國神社[14]附近。如果這是真的，那這枚炸彈一定威力驚人，因為從護國神社一路到紅十字醫院[15]，全都被毀滅殆盡了。紅十字醫院雖然重度毀損，但總歸是倖免於難，而後方往宇品的方向，那邊的毀損程度則相對輕微。」

「來這裡的路上，我順道去了紅十字醫院。院內擠滿了患者，院外街道兩側則排著死者與瀕死之人，直往東排到御幸橋。」

「從紅十字醫院直到市中心，我眼前的一切無不燒到焦黑。電車停在革屋町和紙屋町，裡頭有數十具屍體，焦黑得無法辨識。我看見消防水池裝滿死者，他們看起來好像是被活活煮死。在其中一個水池那邊，我看見有個嚴重燒傷的男人蜷縮在一名男性死者旁，正在喝被血汙染的水。就算我試圖阻止也沒有用，因為他已經神智不清。還有一個水池，死者多到沒有足夠空間可以倒下來，他們一定是坐在水中死去。」

「連府立第一中學的游泳池都擠滿死者，他們想必是為了逃離大火而坐進水裡，但淹死了，因為他們看起來沒有燒焦。」

鼻岡醫生清了清喉嚨，接著說：「蜂谷醫生，你只要看看泳池四周就知道了，那個泳池根本不夠大，沒辦法容納所有想進去的人。完全不知道有多少人進不去，頭就那麼懸在池邊而死。在某個游泳池，我看見一些人還活著，坐在水裡，四周都是屍體。他們太過虛弱，無法走出泳池。雖然有人試圖幫忙，但我很確定他們終究會死。很抱歉跟你說這些真相，我實在不認為有人能活著出來。」

鼻岡醫生停頓一會兒，準備去工作了，我發現他有些緊張不安。醫院有很多事要做，硬是留住他就太不應該了。

這些訪客跟我說的故事，開始有了某種共通的脈絡。這個人提的幾句意見，那個人說的幾句評語，開始在我腦裡勾勒出廣島現在的景象。

鼻岡醫生才剛走，婦產科主任秋山醫生就接著進入病房。他沒有受傷，只是看上去疲憊又憔悴。

---

14 護國神社位於市中心，廣島軍營的南邊界，距離原爆中心不到兩百公尺。從神社的名稱即可得知，神社是為了保衛祖國而設立。

15 廣島的現代醫院之一，約一九四〇年開幕，可容納四百位患者，距離原爆中心整整有一千五百公尺，卻嚴重損毀，眾多醫生與患者死亡。

「坐下來休息幾分鐘吧。」我說：「你一定經歷了很多事。轟炸時你人在哪？」

「我才剛離開家裡。」秋山醫生以顫抖的聲音說：「我先是看到一道炫目的閃光，一場巨大的爆炸，然後我就躺在地上了。接著出現一朵巨大的烏雲，夏天暴風雨來襲前的那種，開始從廣島市上方冒了出來，我大喊：『死定了。』我的房子變得一團糟，天花板、牆壁、拉門，所有東西都徹底毀了。」

「傷者幾乎是立刻就在我家門前排起隊來，從那時起一直到不久前，我都待在家裡治療他們。不過，我的醫療用品全都用光了，沒有東西可以拿來治療。二、三十人還躺在房子裡，沒人可以照顧他們。除非我能找到更多醫療用品，否則不管是誰，什麼忙也幫不上。」

秋山醫生平時隨和又開心，現在看起來卻是心煩意亂。秋山醫生在講話的時候，小山醫生進來了，所以秋山醫生說的話，小山醫生大部分都聽到了。

「我懂，我可以想像你經歷了什麼。」小山醫生說。

「我也不知道該怎麼辦，」秋山醫生嘆了口氣。「今天的情況跟昨天一樣，那些可憐的人一個接一個來我家找我幫忙。他們努力前往可部[16]，卻永遠無法抵達。我什麼忙也幫不上，任何人都幫不上忙。」

秋山醫生住在長束，所以我大致了解郊區的狀況。那裡的問題跟己斐地區一樣。我想像著傷者如同茫然的魂魄默默行走，別人問的時候就回答，我從「這裡」來，要往「那裡」去。我看得到他們討水喝，聽得到他們呻吟，看得到他們正在死去。雖然我沒親眼看到，但朋友描述得太生動了，彷彿我也親歷其中。

根據通報，患者都沒食慾，紛紛開始嘔吐、腹瀉。我之前聽聞的新型武器是不是釋放了毒氣？也或許是某種致命的細菌？我請鼻岡醫生去幫忙確認一下嘔吐腹瀉的報告，看看有沒有患者像是得了傳染病。確認後發現，很多患者不僅腹瀉，還有血便，有些患者前一天晚上排泄了四十至五十次之多。我因此確信我們面對的是桿菌性痢疾，所以我們別無選擇，只能隔離感染者。

副院長小山醫生負責設立隔離病房，地點選在醫院南側之外的腹地。剛好有一些士兵來到此處，協助搭出一座簡陋的戶外帳篷。我們能做的或許有限，卻提振了士氣，覺得自己幫得上忙。

勝部醫生的團隊肩負著不可能的任務。患者幾乎都需要緊急開刀，醫護人員全都

---

16 這座小鎮位於廣島北方十六公里處，太田川流域以北。

忙著協助他。就連行政人員、清潔人員、走得動的患者，也都被組織起來，依照指示來幫忙。即使情況略有好轉，也很難察覺。勝部醫生做到的事，簡直是奇蹟。

即使走廊清理後變得暢通，但沒多久又跟之前一樣擠得水洩不通。還有一堆人湧進醫院尋找親友，讓人難以處理。

有些悲痛到近乎發狂的家長在這裡找孩子，還有丈夫來找妻子，孩子來找父母。有個可憐的女人精神錯亂又緊張不安，在醫院裡到處遊走，喚著孩子的名，聽得患者們心裡難受，但又不忍心攔阻。還有個女人站在入口，以為她認識的某人正在醫院裡而悲痛喊著他的名，我們也為此感到難過。

很多人從鄉下過來尋找親友，他們徘迴在患者之間，無禮地端詳每張臉孔，最後我們實在無法忍受這種行為，不得不拒絕他們進入醫院。

外面有沒聽過的噪音傳了進來。問了才知道，原來是小山醫生召集了一群士兵正在清理歷經火劫的通訊局，希望能把通訊局當成醫院的附屬建物來使用。

藥劑部恢復運作。在檜井醫生與溝口先生的謹慎監督之下，數量不多的藥品已分類完畢，隨時都可使用。

秩序恢復了一些，事情有了正面的改變。或許我們會及時控制好狀況。

事務長世良先生回報，昨晚有十六位患者死亡，他已經用白毯裹好屍體，擺在醫院的側門。

「這種時候，能不能把毯子留下來？」我心想。

我不願公然反對世良先生這麼做，畢竟他是出於對死者的禮貌和尊重。但我後來卻發現，被派來移送死者的陸軍小隊，竟然沒舉辦任何儀式就把屍體、毯子丟上貨車平臺。這種舉動如此無禮，我直接提議留下毯子，因為生者比死者更需要。

患者還是不斷從各地湧入。由於醫院距離原爆中心不遠，因此前來的人都是情況危急。

醫院裡的患者，表現值得稱許。他們就算只能在最擁擠的病房打地鋪，過得只比院外的人好一點，他們也很感激了。只要能看一眼白袍醫生或護理師，他們就心滿意足了。只要一句親切的話語，他們便落淚了。即使只是最微不足道的服務，也能讓他們雙手合十為你祈福。患者全都承受著痛苦，但相信醫生和護理師會盡心治療。所以後來有傳言說，這間醫院是接受診治的好地方。我們聽到這評語都很開心，但從未覺得自己做的已經足夠。

白天稍早，井町先生與廚房的夥伴一起煮了稀飯。他們抬出一大桶，用大木匙分裝給大家吃。對我來說，這一餐簡單樸素的稀飯是一整天的亮點。當天下午也吃稀飯，我舀了一口送進嘴裡，米粒停留在舌頭上，讓我覺得自己會愈來愈好。不過，還是有很多人因為過於虛弱或病得太重而沒有食慾，最後飢餓導致的虛弱使他們的處境變得更糟。

黑夜降臨，鋪在水泥地上的草蓆仍是唯一的床鋪。傷口變得更痛，但沒有足夠的舒緩藥物。患者發燒口渴，卻沒人拿涼水給他們解渴。

原田醫生（通訊醫院藥師）被帶進醫院時，全身嚴重燒傷；佐伯老太太的兒子緊接在後，症狀也一樣。白天稍早，雛田小姐（通訊醫院護理師）開始嚴重腹瀉，不得不住院，但沒人可以照料她，所以即使她的母親也是嚴重燒傷，還是努力扛下照料的工作。

溝口先生進入病房。「蜂谷醫生，我必須告訴你，雛田小姐和她母親的狀況都惡化了，應該活不過今晚。佐伯老太太的兒子則是快要失去意識。」

今天一整天，我聽著訪客訴說廣島被毀的情況，還有他們目睹的恐怖情景。我親眼看到朋友受傷，他們的家人四散，家園被摧毀。醫護人員不得不面對的問題，對抗不尋常逆境時展現的勇氣，我都一清二楚。患者不得不經歷的痛楚，還有患者對醫護人員的信任，我也都心知肚明。倘若患者了解實情，就會明白醫護人員跟患者一樣無能為力。

時間一久，我對他們經歷的巨大悲傷漸漸失去了最初的敏感；他們體驗到的痛苦、挫折、恐懼，我變得比較難感同身受。別人說的一切，我發現自己以一種從沒想過的疏離態度全盤接受。

兩天後，對於這個混亂又絕望的環境，我已經習以為常。

我覺得寂寞，但那是獸類的寂寞。我成為黑夜的一部分，沒有廣播，沒有電燈，連一根蠟燭也沒有。唯一來到我眼前的光，來自城市搖曳的火影；唯一聽到的聲響，來自患者的呻吟啜泣。某個精神錯亂的患者會不時叫喚他的母親，某個痛苦的患者會吐出えらいよ（eraiyo）這個字，意思是「痛到不行，撐不下去了！」。

摧毀廣島的炸彈是什麼樣的炸彈？稍早的訪客跟我說了什麼？不管說了什麼，簡直沒有道理。

我記得很清楚，不可能有好幾架飛機。空襲警報響起前，只有一架飛機的金屬聲，沒別的了。否則，警報為什麼會停止？為什麼爆炸前的五到六分鐘內，沒再響起任何警報？

我再怎麼思索，都無法理解眼前這場毀滅的原因——也許，真的是新型武器？多位訪客都模模糊糊提到「新型炸彈」、「祕密武器」、「特殊炸彈」，還有人說炸彈墜落前，是掛在兩個降落傘上面！無論哪種說法，都讓人難以理解。這種層級的損害，實在無從解釋！我們掌握的這些故事，虛無如雲，伸手抓去，一無所獲。

但有件事是肯定的——廣島已毀。駐守在此的陸軍也一併毀滅。司令部消失了，第二總軍和青年軍校的指揮所、西部軍區的總司令部、工兵部隊、陸軍醫院，也都消失不見；日本的希望，煙消雲散！我們戰敗了！神再也不會提供協助！

美國部隊很快就會登陸，展開街頭巷戰，而通訊醫院會成為攻防地點。之前我聽說士兵要來通訊局設立總部，我們會不會被清出去？

沒有答案嗎？

笹田醫生、賀戶小姐、我的妻子，全都在睡覺。那樣很好，但我毫無睡意。

我聽到腳步聲，有個男人出現在門口。在搖曳的黑暗裡看得見他的輪廓，他的手肘向外、雙手向下，跟我在前往醫院途中看到的燒傷患者一樣。當他走近，我看到他的臉，或者說，那曾是他的臉，因為那張臉已被燒到融化。那個男人失明，迷了路。

「你走錯病房了！」我受到驚嚇，如此大喊。

那個可憐人轉過身去，拖著腳步回到黑夜之中。我對自己的舉動感到羞愧，但我當時真的嚇到。現在我更清醒了，睡意全消，每根神經都繃得緊緊的。

東方的天空出現閃電，清晰可見。

我的喊叫聲想必吵醒了妻子。她起身離開病房，應該是去洗手間吧。不久，她回到病房。

「八重子，怎麼了？」我察覺到她很難受就問了她。

「走廊全是患者，我無論怎麼走都會打擾別人。」她一邊回答，一邊努力抑制內心的不安。「我每走一步，都要說借過。唉！糟透了。走到最後，我踩到某人的腳，說了抱歉，但對方沒有回應，然後我往下一看——你知道我踩到什麼嗎？」

「什麼？」我問。

「死人的腳。」她一邊說，一邊發抖，往我這裡更靠近了些。

一九四五年八月八日

今天的一開始，炎熱又晴朗。天才剛亮，油汗已從我的腋窩和大腿內側滴流而下，我全身又溼又黏。

煙沒有從二樓冒出了。

笹田醫生今晨的臉比昨日還要浮腫，帶血的膿液從他纏著繃帶的雙臂和雙手滲了出來。我回想兩天前他用那雙手幫過我，心中泛起一陣憐憫。

窗外傳來噪音，讓我記起昨天忘了說的另一位患者。昨晚，我不時聽到他走來走去的聲音；今早，他又走來走去了。尤其當他失足撞到柵欄或建物時，發出的聲音格外清楚。

「餵他了沒？」我問賀戶小姐。

「醫生，別擔心。」賀戶小姐回答：「院子裡有好多地瓜葉，我想他不會餓到。」

我們說的患者其實是一匹馬，被火燒傷又失明。無論是誰看到他，都不忍心趕他走，於是就把他安置在窗戶下方的院子裡。

這個院子曾是網球場，但不久前，我覺得當成院子更好，就在這裡種了地瓜。我的園藝初體驗帶來不少樂趣，而我種的地瓜則成了大家開玩笑的題材。

「賀戶小姐，」我問：「你難道不覺得我們最好把地瓜挖起來嗎？現在一定長得很大了。」

我的同伴都笑了出來，災情暫時被拋在腦後。

我的左腳踝開始痛了起來，往下一看，原來繃帶已經變得溼溼黏黏。賀戶小姐看我很擔心的樣子，便提議換敷料；換完後，腳踝有感覺比較好了。不過，在她換敷料時，我注意到左膝有顆大水泡。

我很訝異，因為我不記得自己有被燒傷。沒多久我想起來了——當我躺在通訊局後方的院子時，曾被熱燙的餘燼擊中腿。

今早，我的食慾變好了，身體也感覺強壯一些。甚至精神狀況也有好轉，入夜襲來的陰鬱思緒，也沒那麼沉重了。

勝部醫生很早就來了。我沒跟他道早安，反而直截了當問他，我何時才能下床。他又說了一遍，起碼要一星期才能拆掉縫線。在此之前，下床的事別再提了。

「你太沒耐心了。」他說：「你還活著，就該謝天謝地。」我從沒想過自己有可能會死，但勝部醫生如此直言不諱，我才明白我的傷勢一定比想像中嚴重。

「我的狀況真的那麼糟嗎？」我如此問道，並且努力表現出若無其事的樣子。

「我們全都很擔心你。」勝部醫生表示：「也許你沒意識到自己流了多少血，因為你幾乎昏迷一整夜啊！你的妻子、賀戶小姐、笹田醫生，還有小山醫生跟我，整個晚上輪流陪在你身邊。」

「難怪昨天晚上的事我記得的不多。」我如此回答，試著輕輕帶過他的話。

我能好好休養應該要滿足才對。小山醫生把醫院管理得很好，我也掌握了狀況。他不僅讓我得知最新進展，在一些事務上還徵詢我的意見，但其實他大可直接行動，不用那麼有禮貌地問我。

例如，有張字條來自通訊醫院的牙醫長堂醫生，上面寫著他和家人躲在牛田後方的山丘，家人無恙，但他嚴重燒傷，問我們有沒有人能帶他去醫院。儘管醫院什麼都短缺，我還是派人帶他過來。

還有一份報告通知我們，通訊局下的社福單位有兩、三百個榻榻米可以拿到醫院使用。榻榻米大約是三呎乘以六呎，但問題來了，現在醫院擠滿了人，榻榻米要怎麼放到患者身體底下？世良先生和我都覺得，不管擠不擠都要用榻榻米，就算要清空所有走廊也要辦到。

有傳聞說通訊局局長吉田先生死了，這個消息已經證實是真的。他的焦屍在醫院附近被發現，透過皮帶扣環確認其身分，最後遺體在通訊局前面火化。我們從此失去了一位親切又忠實的朋友。另一位重要人物大塚市長也死了。

還有傳聞說我也死了，真嚇了我一跳。今天早上，兩位老友（西原的長尾夫婦）來找八重子和我，並跟我們說了這個傳聞。我們都很開心我的死訊是假消息。

白天的時候，醫護人員依照傷口的性質和嚴重程度來重新分類患者，在生者當中發現不少人已經死了，但死亡人數比昨天少。聽完報告我不太高興，因為我覺得應該要更迅速地搬移死者，把空間騰出來給生者使用。這是我的觀點有所轉變的另一例證。人們死去得如此快速，我開始把死亡視為常態，不再懷著敬意看待死亡的恐怖。如果一個家庭失去的成員不超過兩個，我會覺得那個家庭運氣很好。內心懷著這樣的念頭，我怎麼有臉面對廣島市民？

士兵又回到通訊局工作了。小山醫生和我在討論，有沒有可能請士兵們協助清空一個樓層，讓那些還駐紮在洗手間與走廊的患者有新的安頓空間。此時，鼻岡醫生過來通報腹瀉帶血的案例增加了，甚至有些人在日出後排泄了六十次之多。

目前，在通訊局設置醫院分部似乎沒那麼緊急，擴大隔離病房[17]反而比較急，所以士兵被要求協助擴增隔離病房。

醫院如何再利用的問題開始被討論，因為火損的二樓已經冷卻到可以重新使用了。災前，樓上原本有十四間病房，但現在全部的隔牆都毀了，只剩一大間病房。問題在於哪些患者要移到二樓，引起了激烈討論。因為即使一樓很擁擠，但被燒毀的二樓實在更不理想。最後決定我們醫護人員率先去二樓，把比較理想的一樓留給外面的患者。

他們先將我抬往二樓，當擔架經過樓梯轉角時，我瞥見三十多個扭曲變形的鐵床殘骸，引起我的好奇。

床的底部積著一層白色的草蓆灰燼，那些草蓆原本是鋪在床上的。雖然這裡的床沒有一個完好無缺，但我已經在水泥地上躺了兩天，所以那些床在我眼裡簡直就是極樂天堂。

八重子和我找到兩張相鄰的床，變形程度不太嚴重。我們把榻榻米擺在床架上，準備好在新的下榻處繼續生活。

笹田醫生、薄田小姐、大本小姐加入我們，其他醫護人員也一個個被帶上樓，最後這間大病房充滿了人氣。也許會有人抱怨火場殘留的灰燼，或抱怨天花板上掛著搖晃的管子和布簾桿，但患者從沒住過這種被大火消毒過、近乎無菌的病房。

四面牆上都有大型窗戶，可以俯瞰各個方向的景致。沒有百葉窗，沒有窗簾，甚至沒有玻璃，所以這裡的空氣自由流通，光線毫無阻礙地進入。往東方、南方、西方一看，廣島的景色一覽無遺，還看得見廣島灣的似島[18]。

在市中心附近大約一千五百公尺外的地方，看得見廣島最大的兩棟建築物，也就是福屋百貨[19]和中國新聞社大樓的焦黑殘骸。比治山[20]，那座位於廣島市東側，神聖

17 腹瀉帶血案例激增代表痢疾即將大流行，唯有隔離患者才能防止痢疾擴散，這樣的臆測十分合理。因為當時廣島的醫生們還不知道原子彈是什麼，更不曉得腹瀉帶血是嚴重輻射病的症狀。

18 似島是一座鞍形、多山的小島，位於廣島市南方約五公里的廣島灣。很多倖存者曾來這裡避難。

19 福屋百貨是一棟有八層樓、單層磚牆的鋼筋混凝土建物，距離原爆中心七百公尺。據說福屋百貨有五百餘位倖存者出現輻射病症狀，在窗邊附近的民眾則是在爆炸當下死亡。

又秀麗的小山，近得幾乎伸手可及。往北望去，則沒有任何建物殘留。

朋友們之前說的「廣島毀了」，此時我才終於明白這句話的含意。除了幾棟鋼筋混凝土建物之外（其中兩棟我剛才已提及），沒有其他建物留存下來。一望無際的城市，散落著一堆堆碎磚與屋瓦，猶如荒漠。我不得不修正我對「毀滅」的定義，或選擇其他字眼來描述我所目睹的景象，「毀壞殆盡」或許更為貼切。但說實話，我在火損病房扭曲鐵床上看到的這一切，根本無法用任何字眼來描述。

我看到士兵們在整修隔離病房，其中一位帶頭哼起勞動歌，其他人齊聲和唱。不一會兒，病房就擴增十坪[21]。在那後方，士兵們也設製了戶外廁所，用草蓆做隔牆。但從我躺著的地方望過去，那些草蓆其實遮不了什麼。

微風吹進窗戶，我們發燙的身體舒緩不少，在樓下感受到的困惑和失序消失了。敞開的窗戶迎進充足光線，加上遠處的美景，讓我們的心情產生變化。這裡環境簡樸，跟一樓的混亂形成對比，帶來一種撫慰人心的效果。

我們原本以為我們把比較好的環境留給樓下的患者，但搬到二樓以後，我們都認為這裡比較好。我下定決心，要盡快把這間病房提供給其他患者使用。

接近傍晚時刻，一陣輕柔的南風[22]吹過廣島市，帶來一股臭味，聞起來像燒焦的沙丁魚。我很想知道是什麼造成臭味，後來某個也聞到的人告訴我，那是清潔隊正在火化遺體。往外望去，我看到無數的火堆散落各處，之前我還以為那些是燃燒的瓦礫。往饒津的方向，有個火堆特別大，正在燒幾百具屍體。這時我才驚覺那些都是火葬堆，不禁渾身顫抖，還有點反胃。

市中心附近的混凝土建物內部仍在燃燒，在夜空下構成怪異的剪影。這些發光的廢墟，還有熊熊燃燒的火葬堆，使我猜想龐貝城的末日是否也是如此，但我認為龐貝城的死者人數低於廣島。

醫療人員辛苦工作將近三天，幾乎沒停下來，所以今晚為了讓他們稍稍喘口氣，

---

20 比治山原本是廣島灣中的一座島嶼，後來廣島市透過築堤填海來造陸，比治山於是從島嶼變成廣島市東側的平頂小山，高度七十公尺。比治山的北峰有一座美麗的神社和一座公園，西面有軍人公墓，東端的小型公墓有日本人豎立的紀念碑，用以紀念法國與荷蘭的一群海軍陸戰隊隊員，他們協助日本對抗中國海盜，一九〇〇年在廣島市死於傷寒。原爆傷害調查委員會總部現在位於比治山，總部的外觀和顏色酷似日本魚板，所以當地人稱之為「魚板城」。

21 坪（つぼ）是土地測量單位，一坪相當於三點三平方公尺。

22 在夏季的幾個月內，每天大約下午四點，瀨戶內海經常會吹起涼爽的南風與西南風，穩定吹到黃昏後。

我們在二樓清出一處空間，並下令開始輪班休息。

小山醫生去休息前，順道過來聊了幾分鐘，說了一些白天發生的事。

早上，一群士兵來到醫院大門，要求院方提供繃帶給第二總軍，儘管院方表明醫療用品不足，但他們還是幾乎帶走了全部。他們哪是什麼士兵，根本是土匪。此外，軍方曾向我們再三承諾，要是發生攻擊，他們會提供緊急物資，但他們實際做的與我們期待的完全不同。那群士兵不可能是廣島的駐軍。廣島所剩的駐軍人數不足以協助那些被帶到醫院的傷兵。當軍方無法照護地方指揮官的受傷眷屬時，是我們暫時從一間廁所騰出臨時安置處給眷屬。當指揮官的副官找到這些眷屬，卻找不到更好的安置處時，是我們設法讓這些眷屬擠進清潔人員的辦公室，副官還為此表達感謝。那些拿走醫療用品的士兵，一定是從別的地方來的。

我們還有另一件事要擔心。小山醫生跟我說，有一批外地來的士兵整日忙著清理通訊局。有傳聞說，陸軍將在這裡設置新的總部，在敵軍入侵時負責指揮廣島的防禦事宜。我們一致認為，陸軍要是進駐，通訊醫院鐵定會成為攻擊目標，承受更多轟炸，那時我們就真的死定了。

小山醫生離開後，我還在想著這些事，心情變得沉重起來，無法入睡。夜裡，我能聽見所有嘆息、所有討水的呼求、所有呻吟。有一位被轉到隔離病房的痢疾患者，偷偷走到通訊局後方想要喝水。我聽到一個粗暴的男人罵了他一頓，叫他滾開，免得把痢疾傳染給他。

還有某個聲音反覆喊著要喝水，但隨著夜色愈深，那聲音變得愈加虛弱。我問護理師那是誰，她說是一位年輕的軍官，應該出身良好，因為每次給他水喝，他都會有禮地道謝。

這位年輕軍官讓我想起八月二日我與八重子所接待的兩位訪客——我的表弟占部上尉以及他的妻子，我們共度了一天。占部上尉一從醫學院畢業就被徵募為軍醫，後來我再見到他時，他已經在中國北部和中部待了六、七年。在我眼裡，他紀律嚴明，勇氣十足。

我對戰爭的結果抱持悲觀態度。我跟他說，我認為我們會戰敗，因為所有東西都變得匱乏，士兵也不再遵守紀律。我說，我怕廣島會被轟炸；若真如此，防空機炮就毫無用處。我們的防禦作業是為了因應燃燒彈而準備，而且我認為，以為敵軍會使用燃燒彈攻擊廣島這種河川與空地眾多的城市，這種想法未免荒謬。

表弟冷靜傾聽我的看法，然後回覆：「表哥，你不用擔心。參謀長說過，無論全國人民對陸軍有多少批評，陸軍終究會戰勝！」

我躺在黑暗之中，喃喃自語道：「終究會戰勝。」現在表弟在哪？如果找得到他，我們需要的醫療用品，他也許能幫忙弄到吧。占部上尉一定很忙，不然他早就過來看我了。

一九四五年八月九日

天一亮，炎熱又晴朗，但樓上的陽光沒有像樓下那樣直晒。此外，有涼爽的微風吹過病房，整體狀況比昨日更為舒適。

今天早上，我的嘴巴有感覺比較好了，嘴唇和臉頰的痊癒程度值得期待。我的確覺得好轉許多，於是就去問能不能不要再吃稀飯，改吃白飯。向來體貼的賀戶小姐把我種的地瓜挖了一些起來料理，我從沒想過地瓜可以這麼好吃。

妻子雖然還掛著手臂吊帶，但已好轉許多，所以負責照顧我。她要來一些白色藥膏塗在眉毛上，試圖掩蓋燒焦的痕跡。我覺得好笑。她的虛榮心恢復了，是個好預兆。

笹田醫生今晨病況惡化。他的體溫上升，變得更虛弱。

太陽升起不久，訪客再度出現。其中最受歡迎的訪客是一位健壯的士兵，他蹣跚步入醫院，扛著一般人扛不動的一大堆繃帶和藥物。他是曉軍團的田中中尉派來的。我很開心收到急需的醫療用品，也很高興得知田中中尉還活著。我經由表弟占部上尉認識這位年輕的軍官，每個人都由衷感謝他的周到體貼。

還有另一個驚喜——通訊院西部總局長岡本先生閣下親自前來探望我。我久仰他的大名，卻沒有機會見他一面。他友善又健談，讓我很快就放鬆下來。當我們碰巧發現我們在岡山都讀同一所高中時（我小他六屆），原本因權威感而存在的隔閡也就消失了，我們還聊起小時候的往事。轟炸發生當下，他正在前往廣島的路上。他本來會在廣島的，但卻沒有，因為他在廣島南方四十公里的吳市附近被一隻蜜蜂給叮了，因此停下來治療。可以說，那隻蜜蜂救了他一命。

跟岡本先生閒聊時，為了對這位知名訪客表示敬意，我想也沒想就從躺姿立刻坐直。在他離開後，我才突然意識到坐著原來不會痛。如果坐著不會痛，那麼站著也不會吧？我等到沒人注意我時試著站起來，卻扯到髖部縫線。我有點沮喪地躺回去。儘管如此，這次的嘗試讓我找回了一點信心。等縫線拆了，我一定能再度活躍起來。

今天，鼻岡醫生更詳細地報告了患者的狀況。我印象很深刻，無論是哪種創傷類型，幾乎每一位患者都出現同樣的症狀——食慾不佳，絕大多數有反胃和氣源性消化不良的狀況，而且半數以上都吐了。

從昨天開始，已經有不少人狀況變好。不過，腹瀉依舊是個問題，而且增加了。

格外令人警覺的是，原本只有腹瀉的患者，糞便卻開始帶血。隔離這些人愈趨困難。

有位病重的男患者昨天抱怨嘴巴痛，今天他的嘴巴裡和皮膚底下有無數小出血。他的案例比較讓人摸不著頭緒，因為他來醫院是因為虛弱和反胃，看起來沒受傷。

今早，其他患者出現皮下小出血，不少人除了血便之外，還咳血、吐血。有位可憐的女士的私處出血。在這些患者當中，沒有人的症狀合乎已知的典型病症，除非你要把死前出現嚴重腦疾徵象的患者給算進去。

鼻岡醫生認為患者可以分成三類：

一，反胃、嘔吐、腹瀉的患者，狀況已改善。

二，反胃、嘔吐、腹瀉的患者，狀況仍不變。

三，反胃、嘔吐、腹瀉的患者，皮下或其他部位出血。

如果這些患者被燒傷或遭受其他創傷，我們也許會設法依照因果邏輯推論，猜想患者的奇怪症狀跟創傷有關，但很多患者看起來沒受傷，於是我們不得不假設這是一種前所未見的損傷。

我們觀察到的這些古怪症狀，另一個原因可能是氣壓突然變化。我曾在某處讀過，爬升至高海拔會出血，潛水員從深海上升太快也會出血。但因為我從未見過這類損傷，所以對自己的看法不是很有信心。

話雖如此，我還是無法忽視這個看法。因為我就讀岡山大學時，曾看過一個壓力室實驗——如果室內壓力驟然改變，突然短暫失聰是每個人都會提到的症狀。現在我能很肯定地說，前幾天早上轟炸發生時，我沒聽到爆炸聲；在走去醫院的路上，四周的房屋倒塌，我也不記得有任何聲響，彷彿走在陰鬱的默片裡。我問過別人，他們也都有同樣的經歷。

在廣島市郊區經歷轟炸的民眾都提到一個詞：閃光轟鳴（pikadon）[23]。除了假設氣壓驟變導致附近民眾暫時失聰，還能怎麼解釋我和別人都沒聽見爆炸聲？我們開始觀察到的出血狀況，有沒有可能用同樣的根據來說明？

因為書刊雜誌都被毀了，無從證實我的論述，所以只能回到患者身上進一步觀察。為此，勝部醫生被要求在巡房時找出其他原因。

讓我感到欣慰的是，我對科學的探索欲正逐漸甦醒，而且我把握機會問每個訪客廣島原爆的事。他們的回答含糊不清，只有一個共識：使用了新型武器。至於是什麼新型武器，則成了棘手的難題。但能幫助我們接近答案的書籍、報紙、電話、廣播都被摧毀了。

通訊醫院的牙醫長堂醫生（前面提過他和家人逃到牛田的山丘）被帶了進來，與家人一起被分配到牙科候診室。我問護理師是誰帶他過來的，他的狀況怎麼樣。

「長堂醫生的情況很嚴重。」她對我說：「看到他全身燒傷，滲出溼亮的分泌物，好嚇人。我覺得他活不下來。」

「他的妻子和女兒呢？」我問。

「她們沒有受傷。」護理師回答。

可憐的長堂醫生。他和家人前陣子才剛從沖繩北上，在這裡沒有親戚，朋友也不多。要是他死了，他的家人該怎麼辦？

我躺在床上，擔憂著長堂醫生，此時佐伯老太太默默走過來，站在我的床邊。我往她蒼白憔悴的臉看了一眼，立刻知道她要說什麼——她的兒子死了。她的長子，她在這世上僅剩的孩子，死了。昨天他被帶進來時，她還滿懷希望，而現在他已逝去。

---

23 pika 的意思是一道閃耀的、閃爍的、明亮的閃光，比如閃電。don 的意思是「碰！」或巨大的聲響。對廣島人來說，這兩個字合起來的意思就是有閃光和爆音的一種轟炸，所以才會稱為「閃光轟鳴」。記得閃光的人只說「閃光」（pika），而距離原爆中心較遠、同時感受到閃光和轟鳴的人，則會說「閃光轟鳴」（pikadon）。

她的長媳和次子在閃光轟鳴那天死去，所以她一個家人也沒有了。她用手蓋住雙眼，哭了起來，但幾乎聽不到嗚咽。我好一會兒說不出任何話，好像有什麼哽在喉嚨似的。

「伯母，」等我發得出聲音後就說：「別擔心，我會照顧你的。」

佐伯老太太站了好一會兒，默默哭泣，然後說：「醫生，拜託你幫幫我。」隨後不發一語，轉身下樓。

我的思緒回到原田醫生那裡。他全身上下只有頭頂沒有燒傷。覆滿膿液的軀體紅透溼亮、皮開肉綻，僅有黑髮蓋住的那塊表皮沒有被灼燒，隔著一段距離望去，就像頭頂著湯鍋。爆炸發生時，原田醫生和長堂醫生在淺野泉邸[24]附近。這天結束前，原田醫生去世了，他妻子的娘家帶著遺體回到他們位於可部的家。

另一位牙醫大倉醫生今天早上出外尋找妻子，他的妻子從爆炸當天失蹤至今。後來，他帶著一些遺骨回到醫院，這些遺骨是在他的妻子最後被人看到的地方撿拾起來的。醫務部的山崎先生仍在努力尋找女兒，卻不順利。藤井醫生最後終於找到了女兒，但為時已晚——她死於綠井某位友人的家中。

今天再也沒有好消息。內科的森杉醫生依舊失蹤，由於他住在爆炸點附近，所以我們認為他們一家應該都死了。三位護理師已逝。而雛田小姐在腹瀉開始前，狀況看來還不錯，現在卻瀕臨死亡。

向晚時刻，昨夜那位討水喝的年輕軍官死了。他的母親從山口縣一路趕來，在他斷氣幾分鐘後才找到他。

那位年輕軍官在隔離病房的床位讓給了一個小女孩，她哭喊母親的聲音令人聞之心碎。

---

24 淺野泉邸距離通訊醫院不到五百公尺，坐落於京橋川的西岸，早年是安藝郡藩主（亦稱「大名」）淺野氏的庭園。

淺野氏的名號之所以依舊聞名於世，是因為一七〇一年發生的事件。當時安藝郡的大名淺野長矩在幕府將軍的江户（東京）居所內拔劍砍向吉良義央，原因據傳是吉良義央在指導天皇敕使接待儀式時羞辱淺野。淺野犯下兩條大罪，一是在將軍府拔刀，二是羞辱幕府將軍的高官，因而奉命切腹自盡。淺野死後，麾下的四十七位武士失去家主，成為浪人，亦即無主的士兵。

這四十七位浪人想著要為大名之死復仇，暗中耐心等待兩年，最後於一七〇三年二月七日的雪夜覓得良機，入侵吉良義央的宅邸，殺死吉良義央。這四十七位浪人隨後自首，最終經特准切腹自盡。淺野氏的仇殺在日本故事與歌曲中十分聞名，四十七位浪人幾乎成了日本神靈。

淺野氏，還有大石良雄（四十七位浪人中的知名頭目）的妻兒，都葬在廣島的家廟國泰寺，距離淺野泉邸不遠。

黑夜降臨，四周依舊無光，唯有焚化死者的火光爍爍，燃燒肉體的氣味再度傳來。醫院更靜了，但在隔離病房裡，黑夜的靜謐一次又一次被小女孩給打碎。

「媽媽，」她這樣哭喊著：「好痛！我受不了，我快不行了！」

直到東方天空開始泛白，我才沉入不安的睡眠之中。

一九四五年八月十日

今晨醒來，有涼爽的微風吹過。我跟同房患者互道早安後，問他們昨晚過得如何。能抬頭的人都抬起頭，其他人則是舉起手。幸好無人死去。

外頭有人在斷垣殘壁之間仔細搜查，找尋親友的下落。在南方，川流不息的人群沿著八丁堀站與白島站之間的電車路線行走，他們往來於丘陵與鄰近的村莊，尋覓著他們失去的人或物。

有人告訴我外科護理長山小姐的下落——她人在橫川附近的防空洞，情況危急。我趕緊知會勝部醫生和高尾小姐，因為他們是特別親近的朋友。等我一說完，他們立刻出發去找她。高尾小姐匆忙套上舊涼鞋，跟在勝部醫生後面。那雙鞋看上去撐不了五分鐘。

「高尾小姐！」我朝著她大喊：「你穿那雙破鞋永遠到不了橫川的。拿去，穿我的鞋子吧。」

高尾小姐丟掉破鞋，穿上我給的鞋，發出啪答啪答的腳步聲，跟在勝部醫生後頭出發了。她沒掉鞋可真是神奇，因為我的一只鞋可以裝進她的兩隻腳。我可以想像她步履艱難、氣喘吁吁、汗水從圓嘟嘟的臉龐滴落、努力跟在勝部醫生後面的樣子。她隨和又善良，跟財神惠比壽一樣胖得圓滾滾，對勝部醫生來說是個很好的同行者。

今早我吃了白米飯，不是稀飯，差異甚巨！胃裡有了固體食物就好想做點事，那何不趁著勝部醫生不在，再次走走看？我發現自己走得動，縫線好像也不太會拉扯到，真是令人開心。走了幾步以後，我深信自己只要多加練習就行了。

正當我在「拍翅練飛」時，有腳步聲傳來。轉身一看，溝口先生走近我的病床。

「醫生，你最好小心一點。」他勸我：「不然會做過頭。可以跟你聊一下嗎？」

「當然。」我有點不好意思地回話，因為他抓到我偷偷下床。

「是關於醫療用品的事，」溝口先生有禮地忽略我的尷尬，如此表示：「醫療用品快要用完了。僅剩的一點庫存，我們努力平均分配給住院患者和門診患者，但因為門診患者增加，很快就沒有東西可以給了。昨天拿到的那一捆，是轟炸以後僅有的補給。緊急庫存放在地御前和矢口，但聯絡不上。」

「問一下小山醫生他忙不忙。」我回答：「也許他有方法可以擺脫這個困境。」

小山醫生上樓來，我把溝口先生說的重述一遍，問小山醫生有沒有建議。

「沒有。」小山醫生深思一會兒後如此回答：「除非能找到外面的人來協助，否則我實在想不到解決辦法。你記得吧，縣廳說過能幫忙。」

「那我們關掉門診吧！」我回答：「至少所剩不多的醫療用品可以留給住院患者。」

「絕對不行。」小山醫生回答：「門診患者跟住院患者一樣需要治療。拒絕他們的話，他們能去哪？」

此時，我發起脾氣來。

「都已經四天了，」我大吼：「我們還是沒有收到醫療用品！就算縣廳信守承諾送來醫療用品，但還是不夠。你要做的事已經夠多了，請你先擔心院內的問題，沒有必要顧及每個來到門口的過客。我跟你說，一定要關掉門診，你今天一定要關掉！」

我的傷口、我的失眠、我對醫院問題的擔憂，使我變得不理性起來，小山醫生應該是察覺到了，所以努力安撫我。我的反應是上一刻懊悔，下一刻憤怒。也許是怕我完全失去理性吧，他最後還是聽從了我的要求，並答應張貼公告，宣布醫院關閉門診。

公告才剛張貼，警員和縣廳公務員就來問我們為何這麼規定。這張公告引發軒然大波，對方懇求我們重啟門診，繼續廣島市民服務。

我們跟對方說，我們當然很樂意為市民重啟門診，但現實問題是醫療用品已經用完了，而且沒有人願意幫忙補貨。對方承諾，只要我們重啟門診，就會幫我們找來醫療用品。

現在看起來，我堅持張貼公告，也許並不是那麼不理性的決定。在對方改變心意前，檜井醫生被派去縣廳的衛生課，領取對方承諾提供的醫療用品。然而，對方提供的醫療用品幾乎不值一提——他帶回來的那一綑，比麻雀的眼淚還小。

我們的失望之情全寫在臉上。地方公務員明明清楚我們的處境，怎能期望我們在毫無醫療用品的情況下治療患者？而且送來的醫療用品就那麼一小包！簡直羞辱人！

檜井醫生和溝口先生沒有我們那麼心煩，他倆耐心聆聽，直到我們氣消為止。他們接著指出，我們在這起紛爭中並未完全敗給縣廳。

「最起碼我們現在知道衛生課在哪裡。」檜井醫生說：「還知道課長活得好好的。對方跟我說，轟炸發生時，課長人在家中，只斷了幾根肋骨而已。我們不妨派出一個人，去跟他好好解釋一下？我很確定，他一定會幫忙。」

沒人反對這個提議，於是以小山醫生為代表，前去課長家中請託。其實我認識課長，他叫做喜多島醫生，以前和我是同學。
雖然喜多島醫生接見了小山醫生，但他很不客氣，根本聽不進我們的任何解釋。
「你們要聽從縣長的命令，繼續開門診！」喜多島醫生簡單扼要地回答。
「通訊醫院的使命，」小山醫生回答：「就是治療通訊院的員工及其眷屬。我們自願治療廣島市民，是基於人道的理由，而不是因為我們對縣廳有義務。我們對通訊院有法律義務，對縣廳則沒有，所以就算縣長批准你那霸道的要求，你以縣長的名義下令，我也沒有必要服從！我們只是要求你們提供醫療用品，用來治療有需要的患者，無論這些患者是不是市民、有沒有人脈。」
喜多島醫生的態度有所轉變，他以岡山腔的輕柔聲調說：「小山醫生，別再說了，拜託您基於人道重啟門診，我保證您會收到醫療用品。我們能找到多少醫護人員，就會盡量找來協助您。」
小山醫生很清楚，再待下去也沒有意義，相信喜多島醫生會是個守信的人，於是心滿意足地回到醫院。我們很高興取得喜多島醫生的承諾。我們的論點贏得勝利，診所公告被撤下。小山與喜多島的會談算是圓滿成功。
山小姐還活著！他們現在要把她帶回醫院。閃光發生時，她正在前往醫院的路上，雖有陽傘擋住一部分身體，卻還是嚴重燒傷，衣物全都消失不見。勝部醫生對她的狀況不表樂觀。

通訊局職員鹽田先生在饒津[25]附近受傷，目前在某個友人位於戶坂的住處。有信差前來詢問，能否把鹽田先生送來醫院。我們傳話要他立刻過來，不要拖延。

在偏遠村莊和郊區避難的民眾開始回來了。他們聽說醫院正常開放，於是紛紛從寺廟、學校、屋舍甚至糧倉過來。他們尚未接受任何治療，全都飢腸轆轆，虛弱不已。為了容納湧入的患者，我們急需病房。事不宜遲，我們設法把通訊局改裝成擴充病房。

通訊局的職員和眷屬被優先安排住進通訊局，其他人則是待在醫院。通訊局局長的遺孀吉田太太（其夫在上班途中罹難）也被送到通訊局。這位可憐的女性起初被列為失蹤人口，她在受傷後逃到位於小町的家。我們把她安置在她先夫舊辦公室隔壁的會客室。

湧入的患者逐漸增加，最後多到沒辦法處理。我們沒料到大阪通訊醫院的乘岡醫生突然帶著一群助理現身，每位助理還帶著大量的醫療用品，此時我們的欣喜可想而知。他的到來，有如大旱時的一場及時雨。其外表舉止顯示出他是一位優秀又盡責的醫生。他默默投入工作，其精湛技術與樂觀態度沒多久就激勵了眾人，每個人很快就感受到他強大的存在感。

後來某個醫學會團體也來幫忙，但跟醫術高超的乘岡醫生團隊形成鮮明對比。醫學會那群人什麼也沒做，空手而來，還很礙事，真想跟他們說，要是他們的善意能以某種更實際的方式表現出來，我們會更感謝。相比之下，乘岡醫生團隊讓患者疲憊的心重新有了氣力。

自衝擊波發生以來，我們內心的螺絲都鬆脫了，但乘岡醫生用無言的美德把螺絲給重新拴緊。他辛勤工作，留意大小事。最重要的是他有同情心與洞察力。他一有時間就教導我們、治療我們。打從轟炸以來，這是我第一次覺得情勢開始漸漸好轉。

夜幕降臨，首個沒有死亡氣息的夜晚。是因為風勢改變？還是火葬次數變少了？我不知道。但我知道每日死亡人數確實下降了，像是今天就只有兩人死去。

溝口先生遞給我一盞簡陋的油燈，用鐵板做成燈座，燈芯則是用繃帶碎布搓成，但發出的光特別明亮。那盞燈照亮了天花板、牆壁，甚至包括病房的角落。從閃光發

---

25 饒津，或稱饒津神社，距離原爆中心一千七百公尺，距離醫院約八百公尺。

生以來，這是我們第一次見到燈。在此之前，我們幾乎忘了一盞燈能為夜晚帶來多少光明。

溝口先生停留幾分鐘，聊了一會兒。他跟我說，有個男人試著取走一位失明士兵的綁腿，而他阻止了對方。接著，他跟我說了雛田小姐和薄田小姐的事。

「一整個晚上，」他以和緩的語調述說當時情景：「躺在我隔壁的女人一直用輕鬆友善的語氣說話，到了早上，我才發現對方是薄田小姐。她的臉腫到我沒馬上認出來，直到她說了我才知道……」

我一邊聽著，一邊睡去。

一九四五年八月十一日

天剛亮就炎熱又晴朗。自從轟炸以來，我首度酣然睡滿一整夜，神清氣爽醒來。

我環顧四周，發現山小姐住院了。山小姐的病床介於大本小姐與薄田小姐之間，後面兩位小姐病得相當嚴重。我點名的時候，山小姐是唯一無法抬頭的患者，她背對著我，我只看得見她的後腦杓，於是我大喊：「山小姐，頭抬不起來的話，舉手就好了，手舉得起來，就沒事的。」

山小姐舉手作為回應。

「做得很好，」我這麼說著，試著鼓勵她。「你會撐過去的，手舉得起來，就表示活力十足，繼續鼓起勇氣吧，我們會幫助你痊癒的。」

那天晚上，無人死去，有三個人住了進來，之前我們以為他們失蹤。今天早上，似乎人人都有所好轉，溝口先生提起這件事，早餐嘗來特別美味。

早餐過後不久，突然颳起一陣強風，捲起沙塵，起泡的油漆與灰泥從天花板掉了下來，白色的碎片如同墜落的櫻花，落在我們身上。笹田醫生的下場最慘，因為他雙手纏著繃帶，很難護住眼睛和臉部。

「與其被天花板的灰泥給悶死，不如被櫻花雪給悶死，那樣開心多了。」我開著玩笑，用手試著把他給擦乾淨。

風停了以後，就多少能清掉那些讓人很不舒服的沙塵和沙粒。我那光禿的腦袋變得粗糙有沙，糾纏的鬍鬚變得雪白，我從來沒有像現在這樣好想泡澡、刮鬍子。

雖然這陣惡風使得人人都遭了殃，但是勝部醫生巡房時，看見我一團糟的樣子，非常同情，就幫我的傷口敷藥。他想必很滿意，因為他居然提早一天拆掉我的縫線。新的敷料效果很好，我擺脫了難聞的舊繃帶，再也不會覺得縫線被拉扯到，整體狀況有所改善，沙塵暴的事被拋在腦後。

我躺在病床上享受著全新的舒適感，此時，田中中尉（前天把急需的醫療用品送給我們的年輕軍官）爬上樓來。互相問好後，我感謝他主動慷慨提供醫療用品，並且詢問他隸屬的第二軍團（駐守於醫院後方的軍營）的部隊發生了什麼事。

「四百多位醫療新兵都駐守在那裡，」他回答：「絕大多數遭受痛擊，幾乎全數遇害。」

「我表弟是占部上尉，有沒有他的消息？」我問。「有人跟我說，占部上尉後腦杓受傷，被送到宇品治療，我只聽說這些。消息的傳遞很差，倖存者很分散，沒辦法得知別人的最新狀況。」

最後一個問題我差點不敢問。有傳聞說，俄羅斯向日本宣戰，如同猛烈的洪水般，正在入侵滿州。田中中尉證實這個傳聞真實無假，卻未細說詳情。

不敢置信！我們現在竟然腹背受敵，肯定毫無希望。我覺得彷彿有個巨大的重物壓在我的胸口。

當日稍晚，有消息說，某個神祕的新型武器被用來轟炸長崎，長崎的下場跟廣島一樣，而那個武器同樣產生明亮的閃光和巨大的聲響。

我們已接受「閃光轟鳴」這個新的詞彙，但有些人在轟炸時待在城裡，所以還是繼續只說「閃光」，佐伯老太太即是其一。待在城外的人都堅稱是「閃光轟鳴」，而最後「閃光轟鳴」勝出。

我們得知長崎被轟炸的消息後，有個從府中[26]過來的男人帶來一個難以置信的消

26 府中位於廣島市東方約一點六公里，跟廣島市隔著一道低矮的縱向山脊（牛田與饒津的丘陵）。

息，他說日本擁有同一種祕密武器，但這武器被判定太過可怕，連提都不會提，所以一直嚴格保密，也沒有用過，直到現在，情況才有所轉變。這個男人繼續說，海軍特攻隊現在已使用炸彈攻擊美國本土，消息來源的層級不低於總司令部。六引擎、跨太平洋的轟炸機中隊負責轟炸，其中兩架轟炸機沒有返航。若要成功達成任務，轟炸機要直接衝向目標。

假如舊金山、聖地牙哥、洛杉磯都像廣島那樣被轟炸，這三座城市想必也是混亂一片！

日本終於以牙還牙！

病房氣氛為之一變，廣島被轟炸以來，這還是大家第一次如此開朗，傷勢最重的患者最興高采烈。有些人說起玩笑話，有些人唱起凱旋歌，有些人替日本士兵祈禱。大家現在都深信，戰爭的趨勢已出現轉變。

衛生課昨天答應提供醫療用品給我們，既然我的縫線都拆了，我決心要下床，看看我能不能加快醫療用品的搬動速度。最好的做法是直接前往衛生課，衛生課是縣府轄下的單位，位於市中心附近的山口，某棟內部損毀的銀行建築物裡頭。

檜井醫生得知我的意圖，且又知道我的身體虛弱，於是提議用腳踏車載我去那裡。我就這麼一次沒有反對，等他準備好，我們就出發了。

衛生課距離醫院大約一點六公里，有這個機會近距離仔細觀察廣島市的這個區域，我非常期待。走出醫院時，我們經過了前文提及的、臭名在外的戶外廁所，這地方實在很不體面。儘管我們懇求患者使用醫院後方的簡易廁所，但走得動的患者還是堅持晚上來這裡解放。這區每天早上都會認真清理乾淨，但大量的穢物浸透地面，令人作嘔的臭味還是留存不去。

最初是鼻腔受到襲擊，出了醫院以後，變成肌肉受到襲擊，因為街上處處都是阻礙，抬起腳踏車的時間反而多過於騎腳踏車的時間。電車的電線和支撐纜都故障了，大約每十五公尺就不得不從纜線的上方或下方爬過去，不得不在糾纏的電話線和電線之間設法穿越過去。另外還有倒下的電線桿和倒塌的牆壁，就算沒有其他東西擋路，總還是有坑洞。田徑隊要是遇到了我們面對的障礙，也會垂頭喪氣起來。

假如目的地不是那麼顯眼，這段冗長乏味的旅程就不會那麼讓人洩氣。然而，目的地非常顯眼，一眼就看得到，穿越眼前的瓦礫就會抵達。當中有一次，我們千辛萬苦繞了一大段路，接著停下來休息，這時檜井醫生開口說：「醫生，我們到得了那裡嗎？好像每次繞路就離那裡更遠！」

我有充足的機會可以搜查街頭兩側的斷垣殘壁。貼有磁磚的牆壁和破碎的浴缸是曾經有浴室的住家；小片的瓷器和小塊的陶器是曾經的廚房；精緻的景泰藍圖樣的花瓶殘骸，讓我們想起了這裡曾經是繁榮富裕的居住區。很多的居民我都認識，如今在我眼裡，此處卻是極為陌生，而雖然我盡了最大的努力，卻也沒辦法說這些居民有任何人活了下來。

我們看見燒焦的骨頭，但只有一兩次察覺到腐爛的肉體散發出的臭味。我們穿越這片荒地時，這些讓人想到死亡的東西幾乎很難說是不尋常。看到廢墟裡的燒焦玩具，才最會讓我心煩意亂。

最後我們終於抵達山口大道那棟損毀的銀行建築物，這時我們暫時停下腳步，回頭望過去，北方是通訊醫院與通訊局，孤獨矗立，再往後是牛田的丘陵，山坡燒焦又光禿。

我們從後門進入銀行，隨即置身於一處荒涼的、挑高的房間，裡頭一大群身材矮小、急忙跑來跑去的人們因而顯得矮小起來。我心想，這裡看起來與其說是銀行，不如說是蜂巢的內部，看起來根本不像是縣府的樣子。

我們找到喜多島課長，還有幾位助理，他們把老舊的橘子木箱當成桌子，坐在桌子後方的破椅子上。喜多島看到我，先是面露訝異好一會兒，然後滿臉喜悅。下一瞬間，我們擁抱彼此，用岡山腔聊了起來。

「轟炸發生的時候，幸好我人在家裡。」他對我說：「我只有斷了幾根肋骨，可是看看你的樣子，你還好嗎？我們都活著，我想這樣運氣很好！」

我們聊天時，檜井醫生暫時離開，他說了一聲後就到處看了起來。一陣子之後，他回到這裡，對我眨眼。他很快就把我們最急需的醫療用品集中起來，喜多島醫生答應會早點送到通訊醫院。

我們已經達成任務，於是謝過喜多島醫生，說聲不好意思就先行離開。

「檜井醫生，」我倆到了街上以後，我如此說道：「我們的患者不是唯一患有痢疾的民眾，喜多島先生跟我說，這區每家醫院都有一大堆的痢疾病例。他還跟我說，福屋百貨的地下室被當成急救站。我們先去看一看，然後再回通訊局。」

檜井醫生點頭，於是我們來到福屋百貨，停下腳步。朝地下室看一眼就夠了。地下室昏暗得令人生畏，我們改變主意，不進去了，繼續往轉角處走去，轉到通往通訊局的街道。

我倆疲累又鬱悶，默默往前走了好一陣子。在白日的高溫下，我們已耗盡氣力，加上周遭都是些悲慘的毀滅情景，對身心都是殘酷的折磨。喜多島醫生提供給我們的片段消息，沒辦法讓我們的形勢有所好轉。廣島一百九十位醫生有八十位遇害，當中有很多是我的朋友。在福屋百貨看見的情景，我無法忘懷。廣島市最大的百貨公司，廣島市的驕傲，如今卻化為一片廢墟，窗戶向內炸開，內部變成黑暗陰鬱的洞穴。以前去那裡購物的民眾，現在卻成了裡頭的患者，我仍然聽得見他們痛苦的呻吟聲。

相形之下，通訊醫院簡直是天堂。的確很小，可是有採光又通風。就算是樓梯底下的洗手間，患者住起來的舒適度也勝過於福屋百貨。雖然情況很慘，但我開始體會到患者在通訊醫院何以看來感激又開心。我們有了努力和改善的目標，我的精神開始重新振奮起來。

「檜井醫生，你想從喜多島醫生那裡拿到的東西，都拿到了嗎？」我問。

「都拿到了。」他如此回答，並且因為我打破沉默而安下心來。「我碰到藤村醫生，他不但有同情心，還很有幫助。他跟我說，他們有的東西，我們有需要的話就盡量拿走。從現在起，我覺得我們會沒事的。」

檜井醫生好像是為了強調他的精神已振奮起來，臉上露出微笑，相當快活地沿街宣揚，最後在他的宣揚聲下，我倆重新回到先前碰到的電線叢林。不過，現在電線似乎沒那麼難應付，我們很快就回到通訊醫院。

休息過後，我決定去巡房。我是通訊醫院的院長，卻穿著骯髒的褲子、有補丁的襯衫，模樣比流浪村的村長還要糟糕，患者看到我，可能會怎麼想？在閃光轟鳴以前，這問題也許會惹得我心煩意亂，但現在不會了。我的模樣比別人更不像醫生，但儘管我的外表不體面，在通訊醫院，我的穿著還算是得體，只要去看看就會明白。

我目睹周遭可憐民眾的慘況，自己卻是衣著得體，我為此感到羞愧。這裡有位瀕臨死亡的老太太，身上只有一件背心；有個嚴重燒傷的年輕男性，全身赤裸，躺在草褥上；有位快死的年輕母親，雙乳袒露，而寶寶睡在她曲起的手臂上，嘴裡鬆鬆地含著媽媽的一個乳頭；有個美人，除臉部以外，全身燒傷，躺在一灘血液與膿液之中；有位士兵全身赤裸，只穿短褲，他躺在沾了血液的墊子上面；其他人穿著臨時製作的衣物，而窗簾、桌巾或其他材料是朋友們有幸在醫院附近撿來的。

我盡量努力鼓勵大家。

「儘管我們的住宿環境不佳，我們能給各位的東西也不多，」我跟他們說：「但很有威信的縣府衛生課課長今天告訴我，這裡是廣島市最好的醫院，請忍一忍。」

我不是有意自吹自擂，通訊醫院以前一直被縣府稱讚，如果廣島市附近的醫院跟我在福屋百貨看到的情況差不多，那麼這句恭維話並不是全然沒有根據。我們路過住宅區時，我遇見柳原太太，她是某位老友的遺孀。這位可憐的女人消瘦如鸖，她的住家、衣物、一切全都毀於衝擊波，她距離四國的家鄉很遠，在這世上已是孤身一人。

「柳原太太，你住在哪裡？」我問。

「福屋。」她如此回答，眼淚盈眶。她說「福屋」的時候，表情悲苦，聲音帶著悲傷，我覺得很不好意思，只好笨拙地努力想出鼓勵的話語。

「至少看到你沒受重傷，我很開心。」我終於回話。

「是啊。」她傷心地回答：「但我還是住在福屋。」

我今天聽聞的一切讓我有了底氣，可以自信地在患者的面前稱讚通訊醫院。假如我是在去住宅區以前巡房，我就沒那麼樂觀了。

廣島市的損害遠大於我的設想，那武器的威力能夠把鋼筋混凝土建築物粉碎得像是損壞的籃子，把醫院變得徹底不安全，遑論家具、設備或器具。一道突然的閃光，一陣衝擊波，然後是巨大的地震，而火災、閃電、地震全都代表著災難與死亡，一個接著一個，相繼而來。

我上了床，打算休息，不久卻發覺自己太過緊張，無法放鬆下來。白天勞心勞力引發的疲勞狀態，讓人變得亢奮焦躁，受到近乎瘋狂的思緒之害。

我在大病房裡來回走動，接著躺在床上幾分鐘，然後下床，再度來回走動。風開始吹了起來，灰塵揚起，灰泥撒落，化為旋轉又布滿粉塵的雲狀物。這畫面我很欣賞，似乎脫離全部的限制，這很合乎我的心情。我的腦海裡有萬千思緒不斷奔騰。某條電線的尾端從頭頂上的管道裡突了出來，我看了就心煩意亂。除非我要爬上病床，把電線給拉出來，否則別無其他辦法。我拉動電線，一圈又一圈的電線出現，電線堆在我的旁邊，糾結成一團，卻沒看到電線的尾端。假如我能移開電線和管道，最後移開病床，那就會有一大間開闊的病房，我們可以鋪上塌塌米，再多容納五十位或六十位患者。然後，樓下的每個人都能上來享受景色、風、光。

不過，我卻是孤身一人，沒人會幫我。

我漸漸變得安靜，我的理智回來了，更理性的思緒也跟著回來。我們確實需要更大的病房，但要採用明智的做法，把許多依舊凌亂又無用的病房給清理乾淨，如此一來，這兩棟建築物就能輕鬆容納一百多位患者。

我變得夠安靜，最後躺了下來，但我的腦袋還在一直檢討當天發生的事件。我的思緒再度來到可憐的柳原老太太那裡，不禁猜想著她從現在起會有什麼遭遇。看見她就想起我的母親，不由得想著西村醫生有沒有把我的口信帶給母親。

我的思緒回到今天下午瞥見的廣島市情景，我再也不願目睹這類的毀滅、如此了無生氣的人們。

我想到了死者。有人把清除屍體的工作做得很好。我記得閃光轟鳴後很快就清除屍體，因為檜井醫生跟我說，轟炸後的第一晚，他去外面找親戚，大街上的死屍都已經清除完畢。

我想起第一天聽到的那些故事。面對著巨大的毀滅力量，人類顯得多麼軟弱又脆弱。閃光出現後，全體居民的身心普遍變得軟弱不堪。走得動的民眾默默走向郊區和遠處的丘陵，他們的意志力被擊潰，他們的進取心消失不見。問他們從何處來，他們指著廣島市，說：「那裡。」問他們往何處去，他們指著反方向，說：「這裡。」他們心神潰散又迷茫，舉止行為有如機器人。

他們的反應讓外人震驚不已，一列列的民眾一臉漠然，堅持走在狹窄難行的小路上，但明明附近就有一條平坦好走的道路是往同一個方向，外人看到這幅奇景都十分驚訝。眼前目睹的是大批離去的民眾走在夢境的範疇之內，不過外人無從理解。了無生氣的民眾遺棄了這座已毀的城市，離開的方法和手段都不重要。有些人沿著鐵道離開，有些人彷彿憑直覺選擇小路與稻田，還有些人沿著乾涸的河床，拖著腳步離開。每個人有各自的路線，而背後最有可能的原因就是另一個人在場帶領。

白天步入尾聲，此時的我也許被時間按下暫停，畢竟我們沒有時鐘也沒有日曆。

一九四五年八月十二日

破曉時，我醒了，卻再度入睡，睡到微亮的天空化為明亮的白日。

昨天走了好久的路，害我一夜無眠，今晨覺得遲鈍又懶散。我的肌肉疼痛，每回試圖移動那些僵硬的關節，就痛得發出呻吟聲。閃光出現後，這還是我第一次心滿意足躺在床上。

正當我躺在床上發著牢騷、摸著鬍鬚時，賀戸小姐走了過來，提議幫我刮鬍子。

「你要去哪裡找來剃刀？」我埋怨起來，然後對自己的無禮感到羞愧，同時又好想理掉鬍鬚，所以用更文明的語氣接著說：「拜託你！能刮鬍子真是感激不盡。」

賀戸小姐拿出一把舊剪刀，開始剪了起來。我用盡風度，忍受剪刀的猛烈攻擊，對於被剪毛的綿羊，不由得湧起同情心。剪刀很鈍，加上我的鬍鬚都糾纏在一起，所以賀戸小姐算是吃了大虧。其他患者被我逗得樂開懷，我連連叫喊「好痛！」懇求賀戸小姐停手，但她只是簡短回應：「再一下就好。」

老友藤原上尉前來探視我，他也是岡山本地人，在岩國市[27]的海軍學校受訓並晉升為戰艦指揮官。在他的戰艦沉沒前，他每次回到吳市海軍基地[28]的港口，都會來拜訪我們。在不透露軍事機密的前提下，他經常把他獲准說出的一切告訴我們。我逼他透露的時候，他往往只是無奈舉起雙手，笑了出來。我很尊敬藤原上尉，也知道他這個開朗的年輕軍官有著光明的未來。

他走近床邊，說：「蜂谷醫生，看到你和你的妻子還活著，我感到開心又驚喜。想必你們一定吃了不少苦！」

「見到你也是開心又驚喜。」我的妻子回答。「你是怎麼逃過閃光轟鳴的？」

「我在岩國市，剛下火車就聽到衝擊波的聲音。」他回答。「我往東望向廣島，看見一大團煙往上冒出，像是胖乎乎的雲，所以就想你們應該是被轟炸了。」

藤原上尉還沒來得及繼續說下去，我的妻子插話說：「一郎，閃光出現的前一天，你從岡山帶來給我們的桃子很好吃，我們各吃了一顆，剩下的桃子想留下來，在特別

27 岩國市是瀨戶內海的大型海軍訓練站和空軍基地，位於廣島西南方約四十八公里處。

28 吳市是瀨戶內海的大型海軍基地，位於廣島東南方四十公里處。當地海軍造船廠的船塢規模在全球名列前茅，例如七萬三千噸的大和號戰艦就是在該船塢建造。

犒賞自己的時候吃，但那些桃子跟其他東西都在大火中沒了。」

「爆炸發生時，你人在哪裡？」藤原上尉問道。

「醫生在小屋休息，我在廚房，站在玻璃窗底下，所以我變成這副模樣。」我的妻子一邊說，一邊把飛濺的玻璃劃傷的疤痕給他看。

轟炸的前一天，藤原上尉從岡山南下，順道拜訪我們，還帶了一籃桃子，是岡山縣的名產。他待了一晚，隔天清晨連臉都沒洗，就匆忙搭火車趕往岩國市。我記得桃子的滋味，一想到就忍不住嘴裡生津。

「桃子沒了是小事。」藤原上尉表示。「你活了下來，簡直是奇蹟，畢竟原子彈的爆炸很可怕。」

「原子彈！」我大喊，在床上坐起身子。「哎呀，我聽說那種炸彈可以炸毀塞班島，而且使用的氫不到十公克。」

「沒錯。」一郎證實。「我的資訊來源是岩國市的海軍醫院，他們在海軍醫院研究及治療廣島的受害者，受害者似乎罹患了某種可怕的疾病。」一郎不是醫生，所以對於該疾病，能說的並不多，但他很確信其中一個症狀就是白血球數量很低。我心想，一郎收到的消息一定是誤傳，但後來我得知更多資訊後，才覺得當初應該把他的話給聽進去。

我向他詳盡提問，但再也無法得知更多資訊，而我無法動搖他的說法：「岩國市海軍醫院的原子彈受害者白血球數量很低。」

他離開前，打開公事包，拿出一瓶威士忌和一些香菸。

「東西不多，」他以帶著歉意的語氣說道：「卻很難弄到。」

藤原上尉離開後，我決心要拿到顯微鏡，看看他說的話是否真實無誤。然而，要弄到顯微鏡是一大難題。醫院的顯微鏡沒有用處，鏡頭和支撐架都壞掉了。

我記得森杉醫生把一臺顯微鏡鎖在醫院的保險箱裡。我去找那臺顯微鏡，手提包就在地板上，保險箱裡放著顯微鏡，壞掉又沒用處。我後來才發現，我們所有的血球計算盤也都壞掉了。假如要找到我可以用的顯微鏡，那麼顯微鏡就一定要來自於廣島以外的地方。

笹田醫生的狀況惡化，臉部嚴重浮腫，看似淋上糖霜的小圓麵包，還撒上白色的糖粉，而帶有血液的膿液從雙手和前臂上面的敷料滲了出來。

薄田小姐還是一樣，但雙手沒那麼腫了，臉孔好似滑稽的面具。

鹽田先生是晚間住院，看似在水裡泡得太久的溺水者。臉部、軀幹、手腳都腫了起來，呼吸吃力。沒有患者的燒傷傷勢跟山小姐一樣嚴重，她身體的五成都燒傷，因而像個骯髒的灰泥娃娃被丟到垃圾堆裡，狀況近乎絕望。

大本小姐的燒傷不像山小姐那樣大範圍，深度卻足以顯露肌肉。

比起佐佐木小姐或我的妻子，這些人的狀況嚴重多了——我們稱呼佐佐木小姐為桃子小姐，因為她的臉頰像桃子那樣粉紅色、毛絨絨。她的頭部受傷，但現在幾乎好了。我的妻子有輕微的燒傷和撕裂傷，復原的狀況令人滿意。她少了眉毛以後，相貌陰險起來，而她手臂掛著吊帶，卻堅稱自己「很好」。

閃光轟鳴後，以副院長身分勤奮工作的小山醫生，他的腦袋和手臂還纏著繃帶。

在我們的病房裡，被割傷的患者都有所好轉，燙傷患者卻似乎都惡化了。

假如笹田醫生沒保護我，他就不會受傷，我良心不安。我也忘不了，他治療許多患者，接著才發現他的傷勢其實很嚴重。我的狀況好轉，他卻惡化了。

佐佐木醫生從大阪通訊醫院南下，接替乘岡醫生。

佐佐木醫生也是院方醫療人員當中的佼佼者，很適合接替乘岡醫生。我們不僅感激這些醫生照顧患者，更是感謝醫生帶來醫療用品與稱職的助理。

稍後，西條市的姨媽（島太太）前來探視我們。姨媽問八重子和我：「你們為什麼要待在這裡？我們家有充分的空間，你姨丈堅持要你跟我一起回去。」

他們倆在西條市[29]聽見爆炸聲，西條市跟廣島之間是好幾公里的多山地帶。

「後來，」她說：「我們聽說廣島被轟炸。一開始，我們沒有因此心神不寧，但後來我們被告知要收容傷者，貨車隊會把傷者載送過來，這時整個西條市都陷入混亂。」

島太太彷彿留聲機，沒有停止運轉的跡象。

我問了她兒子映三的狀況，她終於停頓得夠久，如此回答：「啊！他平安返家，連擦傷都沒有，那天很晚的時候才回來。至於他怎麼回來，走哪條路，我都不知道，因為他待在家裡的時間不長，沒時間說。隔天，他回去廣島。在我老公店裡工作的渡邊先生，還有他兒子，你認識吧，他們在廣島站前面被燒傷，也很嚴重，嚴重到什麼也幫不了他們。」

儘管姨媽講起話來長篇大論，但得知她提議照顧八重子和我，還是對我大有幫

29 西條市位於廣島東方、略偏北的三十二公里處，地處多山地帶，而多山正是日本大部分國土的特徵。西條市的當地名產有優異的清酒、豐富味美的松茸、秋初在松林裡採集的好吃蕈菇，還有每年紀念稻作收割時的節慶民俗舞蹈。轟炸過後，很多生病受傷的民眾都湧進了西條市。

助。如果我沒辦法接受邀約，等八重子恢復到可以長途移動時，我知道八重子可以送到哪裡。

氣氛安靜下來後，我的思緒回到我跟藤原上尉的對話。廣島竟然被原子彈擊中，大頭條！我把話傳給我見到的每一個人。

傍晚時分，我去樓下巡房。

樓下的燒傷患者跟樓上差不多，有些患者最初主訴食慾不振、打嗝、嘔吐、腹瀉、血便，如今已有所好轉。然而，有兩、三位患者的腸胃症狀惡化，而傷勢的嚴重度或存在與否，似乎都跟腸胃症狀毫無關連。在受傷和沒受傷的患者身上，現在還有另一個症狀變得明顯起來，不少人的嘴巴與喉嚨出現潰瘍，發出惡臭、疼痛還出血。

他們全都發燒，但沒有溫度計，沒辦法得知患者的體溫。患者的傷口復原良好，只有開放性骨折患者的傷口復原不佳，他們有出血的傾向，有幾位患者不得不截掉一條手臂或腿，以免發生致命的大出血。

我在巡房時看見的一位老婦很煩人，因為她一直要求我們結束她的性命。她沒受傷也不痛，大家基於敬老而讓她過得舒服，但她唯一的反應就是要求每個靠近的人終結她的苦難。

「拜託讓我死吧！」她以單調乏味的語氣如此說道。「佛祖不過來我這裡，就把我送到祂身邊吧，讓我去見佛祖吧，拜託讓我去到祂身邊吧！」

她全家人都遇害，她在這世上孤身一人，可是別人也失去親人，只是為了體諒他人，而克制了內心的哀傷。

在走廊上，我碰見北尾先生，他跟世良先生在事務部一起工作。他在樓上有床位，但經常不見人影，我很想知道他到底在忙什麼。現在得知北尾先生負責醫院的火葬場，當我們在聊天時，山崎先生現身詢問當晚的火化是否可以開始了。

「一切都準備就緒。」北尾先生回答，然後轉身面對我說：「蜂谷醫生，很抱歉，但你想看看我們的火化方式嗎？我做過很多次，我是專家。」

看到北尾先生若無其事的態度，我忍不住難受起來，但我不予評論，請他帶路。臨時設置的火葬場位於醫院柵欄外面約三十公尺處，靠近醫院職員使用的戶外浴池與水幫浦。

北尾先生與山崎先生使用門片當成停屍架，把白天稍早死亡的某位患者從太平間送到火葬場。屍體放置在一堆損壞的桌子、包裝箱、可燃物品上面，兩位護理師整理壽衣。接著，一大片的鋅板放在屍體上面，升火。

火焰躍升之際，我下意識雙手合十祈禱。記住，死者眾多，平常為往生者舉辦的儀式，已是不可能辦到的奢侈儀式，所以應諒解這場火葬的草率。然而，沒有神職人員為這位往生者祈禱，這件事還是讓我不安起來。

我的思緒被浴池那裡的洪亮人聲給打斷。

「你今天火化了多少位？」

「只有一位！」北尾先生回答。

「在火葬堆旁邊泡澡，還提出這種問題，火化是不是變得很普遍？」我驚呼道。

「是啊，我想我們已經變得相當麻木不仁。」北尾先生帶著歉意回答。

我本來想說我覺得大家都很失禮，但我什麼也沒說。我有個想法或可讓自己寬心——死在通訊醫院的患者至少是單獨火化。對於今晚火化的那位患者，我懷著很深的情感。多年來，廣島一直是個陸軍城，而這位可憐的婦女是退休陸軍軍官的遺孀，那位軍官跟很多軍人一樣，要是聽不到部隊集結、戰鼓隆隆與號角聲，就無法感到安心。對於這類軍人來說，廣島一直是個宜人的地方，通訊醫院附近住了一群陸軍與政府退休人員。

這位婦女獲得鄰居的喜愛與尊敬，對於第二軍團的士兵來說，她就是廣島市的婆婆，用微薄的退休金和存款幫助士兵。在鄰里之間，在醫院病房裡，她那圓胖的體型留下友善的身影。她和另一位婆婆多次為生病孤獨的患者帶來歡笑。在一小群的陸軍妻子當中，這位婦女深受歡迎讚揚，有「將軍」之稱。甚至軍中拘留所也為她開放，而且只要她在場，最粗暴的士兵都變得溫和，像個孩子。

她去世前不久，我記得自己順道去她躺著的草褥那裡探望她、安慰她。她看不見我，因為她的眼皮浮腫緊閉，但她認得我的聲音。

「婆婆，」我說：「你的朋友都陪在你的身邊。廣島之所以是個理想的居住地，是因為你一直在這裡，為別人著想，沒有只顧著自己。死神即將到來，但你就像個老士兵，因公負傷，可以有尊嚴地離世。」

老太太安靜地死去，而現在，望著她那張已死的臉龐，我好想知道另一位婆婆是不是倖免於難，可以接替她的位置。我回到醫院，心情十分沮喪，睡覺就不用想了。今天氣溫一直很高，晚上的空氣十分悶熱，因為平日傍晚從海上吹來的涼風消失了。不久，我的身體就被汗水浸溼。對於有工作要做的那個男人，我深感同情。

病房裡，沒人有睡意，黑暗裡常有聊天聲。

「為什麼今天街上的人那麼少？」我如此問道，並不是特定向某個人發問。

「因為今天是星期天吧。」某個人回答。

「星期天！」我驚呼道。「我沒想到。沒有月曆，而且每天都差不多，害我都完全糊塗了。」

「今天到處都很少人，星期天並不是唯一的原因。」另一個人表示。「有人跟我說，閃光出現後，進入廣島的人全都生病了，有些人甚至死掉了！」

「沒錯，」另一個人表示贊同。「我聽到傳聞說，在廣島釋放的毒氣會把所有吸到毒氣的人都給毒死。」

其他人接受了這個論點，所以我默默躺在病床上，傾聽與思考。

對於敵軍在廣島施放毒氣或致命的細菌，這類說法我完全不予理會，但這些傳聞仍舊惹人心煩。也許敵軍投放的是毒氣炸彈吧。我想到了那些最初看來完全沒事，卻在兩三天內死去的民眾，我也想到了那些照顧患者卻死去的人。我聽說有些人在屋外沒有明顯傷勢卻死去，有些人在屋內受重傷卻活了下來。假如是毒氣，應該會把每個人都毒死吧。由此可見，無論是什麼殺死這些民眾，絕對不可能是毒氣。然而，謠言四處流傳，背後的原因也很容易懂。我愈思考，就愈迷茫。

我陷入滿腦子的疑問，睡意也隨之襲來。

一九四五年八月十三日

又是炎熱晴朗的一天。

早餐過後，我借了一輛腳踏車，騎去縣府。這次的經驗有別於上次我跟檜井醫生一同前往的情形，因為我狀況比較好了，傷口不會那麼痛。身體再次好轉到可以四處走動，不需要別人協助，真是愉快的經驗。前天的電線、電源線、其他障礙物還在，但好像再也不會那麼無法跨越。

我查看一輛內部損毀的電車，竟然發現它的馬達很簡易。然而，當我的視線集中於角落倒下的某具焦黑屍骸，我就拋下了好奇心。在光天白日下，意外目睹殘忍的死亡，我受到驚嚇，等到我離開電車好一段距離，才終於重新靜下心來。據說炸彈是在護國神社的鳥居附近爆炸，所以我往護國神社的方向騎去，發現鳥居竟然還矗立原地，連中央的圓形圖案都還留著，只是該區域的其他東西不是被毀就是嚴重損壞。

相生橋[30]鋼製的橋拱結構橫跨寬廣的太田川，現在嚴重變形破裂，鋼筋混凝土的表面已變成波浪形，破裂又粉碎的橋面有許多大洞，看得到底下的太田川。這座美麗的橋梁毀壞成這樣，實在悽慘。

相生橋的下方，太田川的東岸，矗立著青銅圓頂的科學產業館[31]。廣島有「水之城」或「水之都」之稱，而科學產業館是這個詩意名稱的象徵物，曾經是廣島市最受喜愛的建築物。如今，青銅的圓頂已經消失不見，堅固的磚石牆壁破裂崩塌，內部已被大火吞噬。我細看這些斷垣殘壁好一會兒，它們是一座已毀的城市與居民的象徵與縮影。

我原路返回，循著電車路線前進，最後抵達縣府。今天早上來縣府，是為了打聽消息，所以抵達目的地時，已做好洗耳恭聽的準備。

跟前天相比，職員人數增加，而新人當中有很多熟悉的面孔。相互寒暄後，我問對方，能不能見喜多島醫生，對方馬上指引我去他的辦公室。

我先感謝喜多島醫生立刻依照我們提出的要求，派來更多的醫護人員，然後開始探問，能不能提供更多的醫療用品，此時他一臉愁容。

「怎麼回事？」我如此問道，同時很怕我急於得知的消息可能不是什麼好消息。

「『原子彈』被投放在廣島的事，想必你已經聽說了吧？」喜多島醫生回答。

「嗯，聽說廣島接下來七十五年沒辦法住人。」

「我們有一位護理師突然死了，昨天的事。」我如此回答，彷彿是要證實他話裡的不祥含意。

我的腦袋明明認為那只是個討厭的謠言，可是開口說出來以後，那個謠言卻變得可信起來，我為此感到惱怒。昨天，我跟藤原醫生聊過後就下定決心，不管聽到什麼消息，都要冷靜地思考行動；然而，今天，我不知道事實就妄下結論。

「滿州的戰爭呢？」我如此提問，試圖改變話題。

「情況不順利。」喜多島醫生回答。「敵軍已經在韓國了。」

我離開縣府，沮喪又孤獨，新的疑慮滋生。我回到醫院，把哀傷與絕望藏在心底。我應該拿患者怎麼辦？我的職員和眷屬呢？我應不應該因為自己的責任過度沉重

---

30 相生橋，或稱T字橋，位於市中心附近，橫跨太田川，眾認此處就是原爆中心。有理由相信原子彈實際上是在相生橋東南方約五十公尺處爆炸，也就是島醫院的所在地，因為醫院入口處兩側的混凝土柱子被直接打進地裡。不管怎樣，只要在本書提到徑向距離，都會把島醫院當成大致的原爆中心。

31 這棟建築物的殘骸被保留下來，作為廣島原爆紀念碑，因此已成為原子彈毀滅的象徵畫面。

就叫他們逃走？我思考了一陣子，得出結論，逃走不能解決問題。

我對自己說，想想閃光出現後過了多少天，已經超過一星期了，我們的職員只有一位護理師死亡，我的傷口正在痊癒，我每天都覺得身體更強壯了。相信廣島七十五年不宜人居，未免可笑！這種說法不可能是真的，這是敵人的計謀，目的是讓已經喪氣的日本人士氣更加低落。相信這種事情簡直毫無道理，因為儘管我如此靠近閃光的中心，但每天都有所好轉。我喃喃自語，精神漸漸重新振作起來。

沒有什麼東西比人類的心智更不穩定，尤其是疲勞的時候。不管人的思緒是往哪個方向去，心智總是處於活躍的狀態，總是在移動，有時緩慢，有時如閃電般快速。我的心智是堅強與脆弱構成的混亂狀態，兩者有時融合，有時分離。

「你要死的話，就要死得像個男子漢。」我會對自己這樣說。然後，我會把自己檢查一遍，找不到有哪個部位看似死了。

「目前還不錯。你還活著，所以躺下吧，你等同於你的心智。」我那堅強的本質會如此主張。如果堅強的本質贏了，我會冷靜下來，直到脆弱的本質再次抬起頭來。

某個留著長鬍鬚的男人站在門口附近，環顧病房四周。他的目光最後落在我的身上，他朝我的病床走了過來。好一會兒，這位陌生人以扭曲的臉孔盯著我看，然後閉上雙眼，鬍鬚底下的嘴唇開始喃喃低語。這位是梶谷先生，山形縣一間小郵局的局長，多年前他生重病時，我曾經前去探病。我聽不懂他說的話，但我猜他是在問我的身體狀況。這位親切、熱心、有同情心的男人，從他在山形縣的住處遠道而來，我意識到這件事以後，有什麼湧上了心頭。

對梶谷先生來說，交談很難，他愈是努力表達自己想幫忙的意願，就變得愈慌張，愈不好意思。最後，他把自己的便當塞進我的手裡，儘管我回絕，他還是堅持要我吃光。普通的午餐未曾如此美味，是日之丸便當，飯糰裡是紅色的酸梅。

今天，來自廣島西北山陰地區的堀江醫生過來探視我，跟別人一樣驚訝得知，受損規模遠大於他原以為的範圍。

堀江醫生離開後，我下樓，發現患者正在討論我在縣府那裡聽到的傳言，但好像沒有人為此而激動。

「胡說八道！」某個人說：「竟然說廣島接下來七十五年不宜人居。」

牙醫長堂醫生的情況惡化，他認不出我，所以我那些微弱的鼓勵話語沒有給他留下印象。

聽說吉田太太的狀況惡化，她住在通訊局三樓的房間。我還是相當虛弱，拄著拐杖，上樓去她的病房。年邁的總務課長潮先生負責介紹我倆認識，我得知吉田太太在自宅受傷，她的住處在小町，是位於東南方的小郊區。她的兩隻手臂都有被玻璃割傷的慢性傷口，但沒有燒傷。她的傷口長度不超過五公分，似乎正在痊癒。儘管如此，她蒼白得不得了，臉部呈現斑駁、發紺、不健康的樣子。此外，脈象虛弱，吞嚥疼痛，持續腹瀉，但未有血便。除輕微發炎外，我在她的喉嚨或嘴巴沒看到不尋常的症狀。我不知該怎麼理解她的症狀，潮先生問我意見，我只好含糊其辭。

「現在不用太擔心，她的狀況不壞，但要密切觀察！」我如此說道，而說這種話的與其說是知道自己在做什麼的醫生，不如說是算命師。我還能說什麼呢？

離開病房後，我想到一件事。潮先生看起來比吉田太太病得更重，我納悶著誰會先死。過去十天，他確實變老了。

在通訊局的入口附近，我見到一位老友小畑先生，他儘管有了年紀，在閃光出現後仍一直在找弟弟。他精力旺盛，著實驚人。我們聊了一陣子，他講述了他在城裡的一些經歷，其中一個故事在我腦海裡留下鮮明的印象。

「我在原爆中心附近，天神町那裡，碰到四位國中生，他們都嚴重燒傷。」小畑先生說。「他們病得很重，希望渺茫，在路邊圍成一小圈坐著。我停下來，問其中一位國中生，他家在哪裡。他回答，這就是他家。他問我，要是我碰見他媽媽或姊姊，可不可以跟她們說，不要浪費時間找他或他同學，因為他們全都會死。其餘三位國中生點頭表示贊同。沒人幫得了這四個男生，他們的命運因此更顯得悲慘，他們只能坐在炎熱的太陽底下，塵土瓦礫之中。我的眼淚盈眶。」

「其中一個男生問我，可不可以做個東西幫他們遮太陽。我向一些士兵借了幾張草蓆和幾個鍍鋅的鐵片，幫他們做了遮蔭的棚子。我問另一位國中生，他家在哪裡，但他虛弱得說不出話，只發出了 ya 的音，所以我沒辦法得知他到底是來自 Yano（矢野）、Yagi（八木）還是 Yaga（矢賀）。」

「我的午餐有一些番茄，我切成一半，把番茄汁擠到那些國中生的嘴裡。他們幾乎無法吞嚥，但全都含糊說著『好吃』！」

「有個男生討水喝，我沒帶到容器，只好跟他說，我會試著用帽子裝一些水過來。我給了水，離開前還答應他們，我會設法找急救隊來幫忙。我有幾粒仁丹，就平分給他們。」

「我怎麼找也找不到急救隊，所以一整個晚上，滿腦子都在想著那四個可憐的男生。隔天早上，我離開家門時，帶了一些東西，想說應該可以讓他們舒服一點。我找了一陣子，最後找到他們，但他們已經死了，他們跟我昨天晚上離開的時候一樣，還是圍成一小圈坐著。」

小畑先生有很多這樣的故事要說。

我正要回到病床，發現通訊院西部總局長前來探視。我受傷以後，這是他第二次來看我。他稱讚我那修剪過的鬍子，還說我這樣氣色更好了。他設法用開朗樂觀的態度看待戰爭，但在離開前，他終於坦白地說，日本唯一的獲勝機會就是使用數以千計的飛機與原子彈。不用再多說了。我問他能不能從西軍那裡弄來一些醫療用品給我們，他答應盡力而為。

傍晚時分，大部分的聊天內容都著眼於廣島何以七十五年都不應該住人。這個傳聞有可信度、獲得重視，因為很多民眾雖是看似健康、毫髮無傷地逃離，卻出現子宮出血、流鼻血、咳血、嘔吐帶血、皮下與組織出血的症狀，然後開始陸續死亡。最普遍的解釋還是某種毒氣被釋放，而且仍然從廢墟裡冒出來。我原本推測死因是細菌炸彈的作用導致痢疾，卻不得不放下這個推測，因為腹瀉與血便的症狀正在減少。我不得不回頭仰賴我稍早的論點，死者與傷者承受的毀滅性衝擊，其實來自於氣壓的驟變、巨大的衝擊波、猛烈的高溫。

連一絲微風都沒有，我的榻榻米很熱又不舒服。我跟別人一樣，都在流汗。我的腦袋發癢，雙耳發紅又熱，也許我想太多事情了。

「好熱！」我嘆氣。「真的好熱。」

「可不是嘛。」笹田醫生一邊回答，一邊朝我這裡轉了過來。

在附近躺著的鹽田先生也發聲表示贊同。他順利弄到一些拉門，擺在他病床的四周，這樣就能保有一定程度的隱私，同時遮擋落日的斜射光線。

「鹽田先生，你現在還好嗎？」我詢問。

「謝謝你，我好多了。」他回答。

「你在破舊的拉門後面做什麼？」我問。

「醫生，你真是無可救藥！」他一邊回答，一邊笑了出來。

有人在拉門的後頭咯咯地笑，是鹽田先生的妻子。

我聽見笑聲從走廊另一頭的廚房那裡傳了過來，於是前去探查，發現是佐伯老太太與溝口先生。

我加入他倆，我們坐著聊到夜深。

一九四五年八月十四日

又是炎熱的一天！

清晨，防空警報響起，通訊局的一位男性職員跑進一間間病房，告誡大家躲起來，怕有些人可能沒聽到警報聲。

大家都沒試著下床，只是冷靜躺著，望向窗外。大家一定想法相同，吃了那麼多苦頭，還有可能再度被轟炸嗎？

不久，我們聽得到飛機吵鬧喧囂的聲響，而隨著聲響愈來愈大，我們推測飛機來自南方，跨越廣島灣過來。我試著在窗框後方看上一眼，但外頭有人看見我，大喊要我蹲下。聲響震耳欲聾。

能走動的患者尋找掩蔽處，但重病的患者不得不待在自己的病床上。我們意識到自己無法為他們做任何事，深切感受到無能為力的滋味。我有一個可以讓自己感到安慰的想法。我見到通訊局的職員與眷屬在通訊大樓的一樓住院接受治療。

有幾分鐘的時間，我失去理智，趕往地下室，其他人都在地下室集合。職員都不在地下室，而我意識到一件事——假如我待在這裡，卻讓很多患者無助躺在病房，那麼我就是做了壞榜樣，還讓醫院蒙羞。假如死神會再度探訪這間醫院，我該待的地方是病房。

我重新冷靜下來，離開地下室，跟我見到的每個人說，盡快去地下室，還要把所有可以移動的人全都帶走。然後，我在醫院的中間地帶掌控狀況。留在病房的患者凝視窗外，聆聽飛機在廣島市上方發出的可怕喧鬧聲。

我的雙腿開始顫抖，我本能地尋求大柱子的保護。突然間，地面震動，我聽到炸彈的可怕聲響，防空槍炮正在開火。

不過，我們鬆了一口氣，墜落的炸彈以及回擊的防空武器構成的嘈雜聲來自西方，所以空襲目標顯然是岩國的海軍航空隊基地。

聲響逐漸減弱，最後消失。一切平靜下來，大家再度倖免於難，無不心懷感激。我安靜躺在病床上好一會兒，腦子裡思緒萬千。一個人的死去有多麼難，竟然一度奇蹟般地倖免於難。閃光出現當天，我把死生置之度外，如今卻想活下來，而死亡成了恐怖的場景。

當天早上稍晚的時候，住我們家正對面的佐佐木先生前來探視我，還帶了鮎魚[32]當作贈禮。我收到這麼美味的禮物，內心的喜悅可想而知。這種小魚具有鮮美多汁的頂級滋味，深受美食家喜愛。

炸彈爆炸時，佐佐木先生人在山口友人的家中，而山口是縣府衛生課的總部所在地。幸好，在屋頂倒塌前，他順利逃出家中。在漸大的火勢趕上他前，他騎著腳踏車穿過漸暗的街道，越過半個市區。當他抵達通訊醫院的所在地白島，靠近我們住的地方時，大火已讓他無法再往前進。他跟我們的鄰居一樣，逃往牛田的丘陵。當他的房屋倒塌時，我跟妻子才剛從家裡逃到街上。佐佐木先生的母親遇害，其他的家人雖受傷，卻逃過一劫。假如我沒有受傷，也許會救他的母親，畢竟他們家的房子就在我的腳邊倒塌。

佐佐木先生離開前告訴我，明天廣播電臺會宣布重大消息，督促大家一定要聽，所以我們猜測，極為重要的公告即將宣布。

藥劑科先前使用的二樓儲藏室改成臨時餐廳，角落仍留有一些變黑、已被毀壞的五十公斤袋裝小蘇打粉，入口附近的壁龕改造成烹調之處，食物被端到房間中央的桌子上、凳子上、箱子上。能走動的患者經常在這裡用餐，使用的餐盤是從斷垣殘壁之中搶救回來的；至於臥床的患者，則是用臨時湊成的托盤端食物給他們。

今天中午，我跟妻子、賀戶小姐一起用餐。我們能聊的話題無非是佐佐木先生送來的美味鮎魚，臥床的患者即將享用大餐。

我已習慣午餐後先短暫休息，再去巡房。大學醫院的巡房，助理與護理師會帶著一堆器材，跟在醫生後面，而我的巡房方式截然不同。我是一個人巡房，穿著老舊的褲子和襯衫，模樣一點也不莊重專業。我的穿著跟周遭的環境很相稱，我們穿的是廣島市的援助機構所能提供的最好衣物，所以也沒理由抱怨。

嚴格來說，我的巡房稱不上專業，因為我能做的事情不多，只能替這位患者打氣，鼓勵那位患者，或者跟第三位患者說一點玩笑話。

我一如往常，先探視吉田太太。我鞠躬後，量了她的脈搏。昨天，我鞠躬後，她回應了；但今天，她沒辦法回應。依照習俗，醫生進入病房後，患者會打招呼，比如稍微鞠躬或點頭，或者回應醫生的問候，而吉田太太沒跟我打招呼，是個壞徵兆。今天早上，她的情況惡化，臉色蒼白發青。

---

32 鮎魚是體型小的淡水鱒魚，在這個時節，由受過訓練的鸕鶿在水流快速的山溪裡獵捕。鮎魚不僅美味，高貴、溫馴又有本領的鸕鶿也受人欽佩與尊敬。

我去樓下探視其他患者。通訊局大約有五十位或六十位的職員與眷屬住在一起，而由於我跟他們相互熟識，因此我覺得他們猶如我的家人。他們的睡墊擺放在榻榻米上面，兩個、四個或六個擺在一起。幸好他們的傷口多半不嚴重，所以能夠照料重病的患者，而前文提到的美人，她躺著的榻榻米跟別人隔著一段距離。她狀況嚴重，卻還是對我露出微笑，她展現的勇氣與樂觀，是那些傷勢遠不如她嚴重的患者所欠缺的。她的燒傷不是閃光造成，而是大火所致，她當時試圖從失火的家中營救家人。她依舊躺在一灘血液與膿液之中，她的雙腿與側腹被尿液糞便弄得骯髒不已。離開前，我說服某個人負責照顧她，盡量幫她清理得乾淨舒適。

接著，我負責幫那些無法照顧自己的燒傷患者更換繃帶，這件冗長又痛苦的任務需要一小時以上。轟炸過後，初期缺乏熟練的幫手，我們只好在醫院入口附近放置一只陶罐，裡頭裝滿 Remaon 溶液[33]，並且張貼公告，指示患者把敷料先浸在溶液裡，然後再用敷料覆蓋傷口。轟炸的隔天之後，就開始採行這種做法，時時刻刻都可以看到患者在排隊，等著輪到自己取得一些溶液。每天會準備一石的溶液，大約一百八十公升。患者與照護者很勤快，天天更換敷料，因為他們得知敷料要是沒有天天更換，就會變硬，換敷料會很痛，導致出血。今天有很多人聚集在陶罐周圍：有些人站著，有些人斜倚，還有幾位姿勢奇怪，是疼痛的反射收縮所致。嚴重燒傷的患者由專業人員負責敷藥。

我離開通訊局，回到醫院，老婦人還坐在走廊上張望，等待某個人過來。

「先生[34]，沒人過來找我。」她以傷心的語氣表示。「醫生，拜託，我什麼時候可以走？」

「老太太，忍一下吧。」我盡量溫和勸誡。「不能因為生病就放棄生命。」

今天的走廊變得很好通行，因為患者人數已減少，但太多患者還是駐紮在洗手間裡或樓梯間底下，必須做一些安排，把這些患者轉到二樓才行。

巡房後，我走出醫院，為的是把我之前出門時偶然看見的馬桶拿回來。我在馬桶所在的房子裡搜尋時，在燒光的廚房裡發現大量的瓷器與餐具。我找到兩個完好的飯碗，一只沒把手的小斧。我把這些東西都帶回醫院，拿給佐伯太太看。

---

33 Remaon 溶液是黃藥水（acrinol）的品牌名稱，這種殺菌溶液很溫和，類似吖啶黃素（acriflavine）。

34 這裡使用的先生（Sensei），意思是「醫生」或「醫師」，也有「教授」的意思。年邁的政治家、德高望重者、城市或村莊裡備受敬重的長者，都可以稱為「先生」。

「婆婆，我剛才找到一些東西。我在附近的殘破房屋找到大量瓷器，你何不找個人幫你帶回來？你的廚房和餐廳可以再添些設備。」

我再度出門，想找出更多盤子，但興奮之餘，卻把馬桶給忘了。我在廢墟裡挖掘，找到很多碎片，那些碎片曾經是珍貴的花瓶、茶會的杯子、其他奢華的物品，但沒有一個完好，也沒有一個能修復。最後我疲憊不已，不再搜尋珍貴的藝術品，還用以下的想法來安慰自己：寶物從不是靠尋找而得，而是意外發現的。

佐佐木先生提到明天會有重大的廣播公告，我的室友都在忙著討論這件事，每個人都努力猜測消息的內容。我不願參與討論，因為我覺得要擔心的事情夠多了，不用試圖預測將來。此外，我們又沒有收音機。在我看來，沒有收音機是一大幸事，因為沒了一些所謂的文明優勢，我反倒得以享有精神上與行動上的自由，而別人有了電話、廣播、報紙，無法享受這樣的自由。在大火中失去一切，現在兩手空空，並不是毫無優勢。我無憂又無慮，已經好久沒有這種感覺了。

夜裡，我看見溝口先生帶著點燃的蠟燭，消失在餐廳裡。我跟在他的後面，發現佐伯老太太已經在餐廳了。蠟燭的搖曳火焰稍微點亮這處窄小的空間，我們享受著溫馨的革命情感，這在一大間的合住病房是沒辦法做到的。一如往常，對話內容轉到了閃光的事，溝口先生打算談論，於是我倆凝神傾聽。

「婆婆，當我在通訊局的院子時，風向改變，火球開始往我這裡過來，我怕得跑出去，穿過後門，帶著幾個女孩一起，差點就抵達不了太田川的河岸。我從沒看過這麼多人，擠得差點動彈不得。幾乎每個人都嚴重燒傷，畫面實在嚇人。看到全身赤裸的女性，我心裡最難過。」他轉向我。「蜂谷醫生，你也是赤裸的。你跟她們同病相憐。在我看來，她們一定是從倒塌的房屋底下爬出來，衣物被扯掉了。」

他講話的時候，坐著的佐伯老太太眨著眼睛，不時點頭，還說著「原來是這樣」加以強調。

「醫生，你當時在做什麼？」溝口先生問我。

「是啊，醫生，你在做什麼？」佐伯老太太重複問道。

「我在家裡，」我回答：「我認為自己穿著內衣，可是等我從房子裡逃出來，身上卻是一絲不掛，連我的褲都不見了。我駐守防空崗位，從傍晚值勤到清晨四點，值勤完後，我回家試著休息。不知何故，我睡不著，於是茫然又懶散地躺在小屋裡。你記得那天早上防空警報響了吧，我正準備穿上防空服，這時警報卻不響了。」

我還沒來得及繼續說下去，溝口先生就插話說：「婆婆，轟炸後，人身上穿的衣服發生了怪事。想一下大本小姐的手臂吧，她的衣物輕薄，袖子上有一些黑色補丁，而黑色補丁是她唯一燒傷的地方。假如她全身穿白色，根本不會燒傷。醫生，有色的東西沒好處，對吧？聽說會立刻著火！」

「溝口先生，」我回答：「檜井醫生說的事情，你有沒有聽說？閃光出現後，他立刻看見一位士兵在奔跑，他的衣服燒著明亮的火焰。笹田醫生的雙手嚴重燒傷，他記得雙手著火，但其他事情就不記得了，也許那件小事跟他嚴重的燒傷有關係。」

「可能吧。」溝口先生嘆了一口氣。

佐伯老太太用雙手拍拍自己的臉，低聲嘀咕道：「好可怕！好可怕！」

她倒了一些茶，我們坐了一陣子，抽著菸。一陣子後，我們敬重的說書人溝口先生繼續說故事。

「婆婆啊，大火延燒到底下的河流，不久，火焰就躍到我們的四周。我們沒辦法跨越河流，就在河堤下擠成一團，最後來自瀨野、在通訊局工作的那位年輕女孩沉著冷靜地朝我們大喊，叫我們游過去。她跳進河裡，我們緊跟著跳了進去。」

「我們試圖越過河流其實沒有太大意義，因為強風吹起的星火把對岸的房屋也燒了起來，我們就這樣卡在兩面火牆之間。幸好對岸附近的水很淺，所以我們可以趴在水底，把水潑在頭上，避開灼熱的高溫。婆婆，真的，我這輩子從來沒有這麼害怕過。」

佐伯老太太點頭，不時說著「是啊」或「的確」來表示贊同。

我就只是傾聽。

「數以百計的民眾逃往淺野泉邸避難。那裡讓他們暫時避開了逼近的火焰，但漸漸地，大火把他們逼得愈來愈靠近河邊，最後大家都擠在陡峭的河堤上，俯瞰著河流。」

「對岸有個半裸的軍官站在河裡，水深及腰，他揮舞著刀，以威脅的語氣朝著對岸蹲伏的民眾大喊。」

「不要試圖渡河！」軍官大喊：「誰試了，我就用這把刀把他給殺了！」

「有好一會兒，我以為那位軍官失去理智，可是接著我明白了，他是在努力拯救民眾的性命，既聰明又勇敢。醫生，你很清楚，那時的河流很深，水流也很快，每年都有一堆人試圖過河，結果溺死。我認為，在那個危險的時刻，那位軍官是在努力阻擋民眾跳進河裡。」

「儘管淺野泉邸邊界的河流有一百多公尺寬，火球還是從對岸飄送過來，不久淺野泉邸裡的松樹燒起來了。可憐的民眾，留在淺野泉邸，就要面對炙烈的死亡，而跳進河裡，就要面對水墓。我聽見叫喊聲與哭聲，幾分鐘後，大家如同倒下的骨牌，開始墜入河裡。成百上千的民眾被推入河裡，河水很深加上水流變化莫測，大部分的人都會溺死，這幅畫面實在難以置信。至於我呢，我躺在河裡，猛烈火焰的高溫變得難以忍受時，就用河水潑溼自己的腦袋。」

溝口先生的故事讓佐伯老太太很難過，我怕他為了顧及她的感受而停下不講。

「接下來發生什麼事？」我問道，迫切想聽溝口先生說出一切。

「我們不時用河水潑灑自己，在淺水處蜿蜒行進，最後終於抵達相對安全的常磐橋[35]。我們往前行進時，碰到一位可憐的男人，他躺在河裡，非常虛弱，可能是失血所致，他沒辦法把全身弄溼，就求我用水潑溼他，而我駐足許久，挖了個洞，用溼掉的河沙覆蓋住他。不過，等潮水進來，他無疑會像成千上萬人那樣溺死。」

「火勢減弱的時候，我回頭往醫院走，隨行的還有我在自家村裡碰到的兩位女孩。碰到她們是運氣好，因為我已經把妻子和家人送回老家。後來，北尾先生把這兩位女孩帶回家，他探視了我的家人，還告知我平安無事的消息。此後，我的妻子前來探視，跟我說，我們那個小村莊瀨野[36]擠滿患者和傷者。」

我拿了一根香菸給溝口先生，他抽了幾口，然後問我是從哪裡弄來的。

「有個海軍軍官帶來送我的。」我回答。

「醫生，」佐伯老太太表示：「你運氣真的很好，有人帶香菸給你。今天佐佐木先生帶魚來，晚上長尾先生則帶了番茄給你。你也許什麼都沒有，卻沒什麼好擔心的。你的運氣很好，應該要感謝那些朋友才對。不感謝的話，可是觸犯天條啊。」

「婆婆，你的臉上有個瘡。」溝口先生察覺到我不好意思，就如此表示。

「只是個小瘡，但太熱了，我幾乎沒感覺到。」佐伯老太太一邊回答一邊搔抓。

「至於我，」她繼續說下去，不想被忽視。「我正在醫院的前面清理下水道，這時眼前爆出一道白光，我趕緊趴在地面上。下一刻，天色變得很昏暗，我以為醫院倒塌在我身上，所以我盡量努力把身體給縮起來。一會兒之後，我從指縫間往外窺視，發現我還看得見，自己還活著，你不知道我當時有多開心。就那麼一次，我還以為自己死了，是啊，沒錯！」她大聲說著，聲音聽起來很高興。

---

35 常磐橋橫跨太田川的京橋支流，位於通訊醫院東方一百五十公尺處。
36 瀨野位於廣島的東南方，往吳市的方向。

一九四五年八月十五日

今天是廣播放送的日子。

儘管我決心不去猜測臆斷，卻還是不禁陷入了內心的辯論，最終得出結論：廣播會宣布敵軍入侵我們的海岸，總司令部會命令我們奮戰到底。處境何等絕望。

我可以逃到山丘上，但應該走哪條路線？沿著山陽線[37]很危險，最安全的選擇是沿著廣濱線或藝備線，進入中國山脈。我有一些朋友住在小山城，比如三次、庄原、西城、東城、宇治、芳井。也許最好是前往宇治，我兒子就是撤離去那裡，或者前往母親居住的芳井，可是有什麼差別嗎？我的老友秋山醫生曾經參與山水任務，他不只一次表示，逃到山裡的那一方就會打敗仗。

從四月起，陸軍一直在打敗仗，很多士兵沒有槍炮，士氣低落。只有小孩與老人獲准離開城市，留守的民眾當中，未滿四十歲者都被派到民防隊。緊急情況下，我們都會被徵召。我們的意見和行動全都受到憲兵監視，而最近幾個月，憲兵對我們的控制愈來愈專制。有些區域被指定為防火巷或逃生通道，屋舍全被冷血摧毀。

每件事都出了錯，而現在敵軍即將登陸日本，光是想到這畫面就心煩意亂。

廣島被毀了，而我們在此處竭盡全力，維繫著廢墟裡的生命。我們沒有兵營，沒有陸軍。陸軍背棄我們，逃之夭夭。每當防空警報響起，就連少數駐守此處的士兵也離開崗位，很多都躲在醫院的後方。

甚至是閃光出現前，軍火庫與大多數的兵營就已空蕩無人。早在四月時，軍官眷屬已撤離，但四月過後，平民的撤離遭到禁止，我的請願書絕對是被駁回了。

無論陸軍有沒有在山裡設置兵營與防禦工事，有一件事是肯定的——我們被拋下，毫無防備。我不應該想的那些事情，一直湧進我的腦子裡。

聽說要在通訊局的辦公室集合，一臺收音機已架好。等我抵達辦公室，那裡已經擠滿了人。我倚靠在入口處，等待著。幾分鐘後，收音機開始嗡嗡作響，發出細碎的

37 日本最大島本州主要是往東西延伸。本州的南岸與瀨戶內海接壤，長久的南方陽光，加上黑潮的潮流與南方的微風，冬天因此變得溫暖；至於北岸，山脈隔絕了陽光與南方的溫暖，暴露於寒冷的北風之下，而這道北風越過西伯利亞、滿州、日本海，往南橫掃。舊時，南岸的濱海道路稱為山陽堂，意思是「陽光溫暖之路」；北岸的濱海道路稱為山陰堂，意思是「陰影寒冷之路」。路名與道路依舊留存至今。

爆裂聲，還有嘈雜的靜電聲。此時聽得到模糊的人聲，偶爾聲音會變得清晰。我只聽到一句話，聽起來像是「忍人所不能忍」。靜電聲停止，廣播結束。

一直站在收音機旁邊的岡本總局長轉向我們，然後說：「廣播上面是天皇本人的聲音，他剛才說我們戰敗了。在另行通知前，希望大家各自善盡職責。」

我原本已做好心理準備，以為廣播要叫我們努力投入並奮戰到底，可是這個意外的消息嚇得我目瞪口呆。那是天皇的聲音，他剛才宣讀《終戰詔書》！我的心理裝置（psychic apparatus）停止運作，我的淚腺也停止運作。我跟辦公室裡的其他人一樣，聽到總局長提到天皇的聲音就集中注意力，好一陣子，我們全都保持沉默，全神貫注。黑暗蒙蔽我的雙眼，我的牙齒打顫，冷汗從背部流了下來。

一會兒之後，我默默回到醫院，爬上病床。「戰敗！」這個字眼在我的耳裡一再響起。

病房非常安靜，被沉默主宰好長一段時間。最後，這片沉默被哭泣聲給打破。我環顧四周，這裡沒有英勇的神色，大家的臉龐流露出絕望的表情。

大家漸漸開始低語，然後小聲聊天，最後有人突然大喊：「我們怎麼能戰敗！」這激烈言辭爆發後，憤怒的情緒全面宣洩出來。

「只有懦夫才會現在退出！」

「欺騙我們也要有個限度！」

「我寧可戰死，也不願戰敗！」

「我們吃苦是為了什麼？」

「死掉的人現在沒辦法安心去天堂了！」

醫院突然喧囂起來，誰也無能為力。閃光出現後，很多人極力主張和平，有些人對戰爭已感到厭倦，但他們現在全都在大喊，要繼續打仗。投降已是無可否認又無從改變的既成事實，但聽到消息的人一點也無法平靜下來。他們輸掉了一切，也不怕輸掉更多，因此絕望不已。我開始有了同感，想奮戰到底，戰死沙場。為什麼要帶著有傷疤的身體苟且偷生？與其活在羞愧與恥辱之中，不如為國捐軀、創造完美人生，這樣不是更好嗎？

「投降」這個字眼的衝擊大過於廣島原爆。我愈思考，就愈覺得不幸又悲慘。

然而，投降是天皇下的命令，我們不能反對。他命令我們忍人所不能忍，而這句話只有一個意義，作為國家，我們必須忍耐。我對自己複述天皇的話語，但不管我多麼努力嘗試，都無法擺脫絕望的心情。最後，我發現自己在想別的事。

四年前宣戰時，沒有人對後果感到不滿，但大家都沒想到會有今日。為什麼那時沒有人要求天皇開口？沒有人對天皇提出要求，畢竟東條是舞臺上唯一的演員，隨心所欲採取行動。我還是能聽到他的高音在我耳邊響起。

我開始在內心譴責陸軍：「各位，你們對天皇有什麼想法？你們隨心所欲開戰。前景很好的時候，你們表現得很自大；可是開始輸的時候，就努力隱瞞敗仗；等到再也沒有對策，就把注意力轉移到天皇身上！你們這些人稱得上是士兵嗎？你們別無選擇，只能切腹去死！」

有人彷彿是在回應我的想法，大喊：「東條將軍，你這沒腦袋的大蠢蛋，切腹去死吧！」

我的腦袋一團混亂，加上大家都很騷動不安，我覺得自己一定要逃離，於是走到通訊局的後門，此時某個人的聲音讓我停下腳步：「醫生，怎麼了？」

這個問題使我恢復理智，剛才竟想著要逃出去，不由得羞愧起來。我回到通訊局，回到患者身邊。

我今天的巡房不專業，無法集中精神在患者的問題上，但還是巡了每張病床，盡力緩解患者的恐懼感。

「情況看來不妙，但天皇已經下了詔令。」我對每個見到的人都如此複述。護理師照常克盡職責，好像什麼事也沒發生。這些單純的人物平靜地工作，達到崇高的神態，而我的感覺得以鎮定下來，多半拜護理師的存在所賜。

我沒看到躺在醫院入口附近的那位老太太，於是我去了事務部，向世良先生和北尾先生詢問她的下落。在短暫的沉默後，他們其中一人說：「她昨晚去世了，婆婆死的時候不曉得投降的事，幸好她不知道。」

走廊上，一位士兵停下腳步問我：「醫生，我們該怎麼做？」

「我不知道你的司令部在哪裡，」我回答：「不過你可以一直住在這裡，待到康復為止。別擔心，我會負責。」

「他們什麼時候會登陸？」他問。

「他們登陸也沒關係。」我立刻回答。「你是病人，由我來解釋情況。有必要的話，我也許還會幫你逃跑。不過，看在老天爺的份上，不要煩心了，把這個口信轉達給其他士兵吧。」

「長官，我會轉達你的命令！」士兵回答，臉上露出鬆了一口氣的表情。他俐落敬禮，然後拖著腳步離開，他的褲子被血浸透了。

晚餐端上了桌，但我沒胃口，喝了一杯熱水，然後上床。我所剩不多的心神隨著西下的太陽而逐漸減少。病房裡的每個人都在為天皇擔憂，而我一想到天皇，也湧出一股悲傷感。我悄悄下床，上了露臺，往東方鞠躬，祈禱天皇心神安寧。

我四處走了一會兒，然後在通風口那裡坐了下來，俯瞰眼前的斷垣殘壁。夜晚孤寂，而宛如和服腰帶的太田川閃爍著微弱的光芒，蜿蜒穿越黑暗的城市。相撲力士雙葉山定次的漆黑輪廓矗立在黑暗的東方夜空下。即使是戰敗之國，山河依舊不變。我嘗到戰敗的情緒，想到我們眼前的未來，就孤寂得無法承受。

一九四五年八月十六日

白日的開端明亮又晴朗。

我們的病房度過焦躁不安的一夜，繼續往前邁進的渴望與意志，滅頂於戰敗的悲哀之中。我們猜想著敵軍何時到來，大家全都心神不寧。

夜裡，廣[38]的00號空軍分隊散發傳單，上面寫著：「繼續打仗！」「絕不投降！」這些反抗的標誌被帶進來的時候，有消息說帝國艦隊正在四國的海域發動攻擊。有些人認為這是好消息，但我怕那是部分的年輕軍官企圖以虛張聲勢的舉動來消除內心的怨恨。有些患者喜悅得大吼大叫，而我卻為那些寧死不降的人們感到悲傷。

對於投降一事，醫院分成兩派，一派認可，一派否認。

今晨，笹田醫生的某位同學來訪。在投降前，他在東京的廣播站工作。他告知我

38 海軍航空訓練站、供應與燃料庫、飛機組裝廠，全都位於廣，吳市的近郊，廣島南方約四十公里處。

們，投降前的協商從八月十日就在進行，而他離開東京的目的很明確，就是把貨幣換成資產，他怕到時日本會跟德國一樣，貨幣遭到凍結並貶值。

就這一點而言，我不用擔心，因為我已經失去一切，只剩下戰敗帶來的悲傷，而這項因素使我得以活得無憂無慮，並且享受友人慷慨大方的援助。轟炸前，我擔任的職位有一些津貼，這是同行的人沒辦法拿到的。我被政府雇用，領取微薄的薪資，不用擔心生活費。我也沒有為了賺錢而瘋狂拚命的動機，畢竟我很清楚自己的薪資是多少，每個月都能領一張支票。

假如我是社區裡的生意人或執業醫師，就會被他的說法給打動。從各方面來看，我身為政府雇員，值得感激的地方很多。

我早上忙得團團轉，努力加緊處理住院患者的病歷。起初沒辦法想到病歷的事，因為大家都竭盡全力應付患者的緊急需求。前文曾經提到，小山醫生和職員扛起重擔，挽救醫院，他們沒替自己想，也沒什麼休息。在我的要求之下，勝部醫生負責盡量精準記錄所有客觀與主觀的發現，鼻岡醫生與秋山醫生從旁協助。我們沒有顯微鏡，沒有實驗室的試劑，更沒有實驗室，但是我們記錄下來的那些病歷與臨床發現，也許有朝一日會變得舉足輕重。在世界史上，從沒有一個地方的民族承受過原子彈的毀滅威力。

吉田太太的狀況惡化許多，我在例行巡房前被叫去看她。她的情況確實嚴重，嘴巴裡浮腫潰爛，扁桃體嚴重發炎，傷口之前看似逐漸痊癒，卻再次裂開，結了骯髒的血塊，而身體到處都是皮下點狀出血，臉部蒼白發青的狀況愈趨嚴重（若有可能更嚴重的話），脈搏幾乎難以辨別。無庸置疑，她病得無藥可救。

今天一大早，溝口先生與檜井醫生帶著一個金屬罐子出門找食物，而佐伯老太太、賀戶小姐、妻子和我一起吃晚餐時，他們還沒回來。我擔心他們是否安全，佐伯老太太努力打消我的疑慮。

「他們很快就會回來。」她一邊說，一邊眨眼。

我們坐在黑暗之中，我得知昨天宣布投降後，廣島站出現騷動。之前，站長和全體站員都很勤快工作，盡快搬移軍需品；不過，宣布投降後，站長和每一位站員偷走大批的清酒，喝到酩酊大醉，引起騷動。我認識的站長是個開朗的老人，他會引起何等騷動，可以想見。而這幅飲酒狂歡的情景，想必在日本各地上演。

賀戶小姐與我的妻子回到病房，我在餐廳消磨時間，婆婆在洗碗盤。白天的時候，有陽光，四周有人，很容易就開心起來；然而，夜幕落下後，黑暗朝你逼近，難免會浮現陰鬱的想法。東京想必會陷入一團混亂，沒了法律秩序，士兵搶劫掠奪，彼此打了起來，有些軍官與士兵想到投降就無法承受，切腹自殺。對此，天皇可能會有何想法？

我的想法似乎引起佐伯老太太的共鳴，她停下洗碗盤的手，一根手指觸碰她僅剩的一顆牙，若有所思地表示：「醫生，我為天皇感到難過，他沒有發起戰爭。」

我表示贊同，發現自己對軍方生出憎恨之心，之前我竟然同情他們。他們背叛了天皇，背叛了日本的人民。就連在廣島這裡，軍方還試圖隱瞞廣島被原子彈摧毀的事實。軍方知道我們會戰敗，就應該要告知我們，但他們卻是置之不理。

溝口先生很晚才回來，他傷心不已，垂頭喪氣。他跟我們說，廣島市暴動失序，狀況猖獗。

一九四五年八月十七日

又是晴朗的一天。

昨晚沒睡好，我為天皇擔憂不已，天皇的安康在我內心引發的憂慮感大過於戰敗的景象。天皇被軍閥所害，軍閥打了敗仗，準備把整個責任都推到天皇身上。軍團自稱效忠天皇，卻暗中逐漸支配日本整個國家。

早在毫無疑心的人民尚未看見不利後果之前，軍團就援引天皇的名號，自稱效忠國家，藉由這種手段取得權力。如此養成的軍官階級，致力於魯莽的虛張聲勢和趾高氣揚，而在這般教導下，連軍校學生都自以為高人一等，誤把權力感與自負感都染上了身，殘暴踐踏底下的每一個人。甫從學校畢業的年輕軍校生從來不曾好好稱呼二等兵，反倒以貶低的語氣說：「你。」或「那邊那個人！」漠視個人的尊嚴。

如果二等兵試圖獨立思考，軍官很可能會勃然大怒，對二等兵施以肢體暴力的情況並不罕見。若提出異議，甚至連最低階的軍校學員都會傲慢地回答：「我下的命令就是天皇下的命令！永遠要謹記在心。」

由此可見，軍人不管是非都會隨心所欲去做。高階軍官在權力上更是有如神明。在這樣的體制下，最常吹嘘、誇耀、威脅的軍官，反而會爬到最高的位置，而總參謀部的智囊，就是從這樣的人之中產生的。常識與判斷力都不存在，有如野豬般到處引戰，無視現實，直到他們失控的精力消耗殆盡。就算是那種時候，他們也不會退讓，更不會傾聽自己何以害怕失去權威，何以害怕失去在恐懼下緊抓不放的聲譽。

在這樣的枷鎖之下，二等兵和人民最為痛苦，而天皇也是如此。不然的話，為什麼天皇應該要有義務宣告投降，並且為軍團發起的戰爭負起責任？

今天很早我就去巡房了。吉田太太還活著，只是更加虛弱。潮先生問我的想法，我沒勇氣告訴他，隨即離開病房，覺得自己從朋友身邊逃開了。

我們驚喜發現，我的老同學、東京通訊醫院職員守屋博醫生來到此處，帶著大量的救濟物資。上次見到他是將近三十年前，他在小學是我們班的班長。

「看見你，就是一大喜事！」他大聲說：「在東京，我們不知道你是死是活，唯一掌握的消息就是廣島已被徹底摧毀。長谷川醫生和三木醫生都很擔心你的安危，知道你還活著就很開心。我帶了一些醫療用品。」他立刻打開其中一個包裹，裡頭有止血鉗、剪刀、橡膠製品。

他連相機都帶了，得知我的傷勢後就詢問，能不能幫我拍一張我站在病床旁邊的相片。「守屋，要是憲兵發現你在廣島拍照，你可能會惹上麻煩。」我提醒守屋醫生，但這番勸告沒嚇到他。

我沒穿襯衫褲子就讓他拍了我的相片，然後他在窗邊拍了好幾張，而且還幫我拍了一些職員的相片。接著，他出外查看廣島市。

我從守屋醫師那裡得知，東京已平息下來。他還告知我，天皇自願做投降廣播，是希望日本不要再受苦。這個消息深深撼動了我，而且跟我原本的臆測恰好相反。

下午有幾位訪客，但他們帶來的，到底是真實消息還是傳聞，我實在分不清。有一位訪客跟我說，陸軍大臣被一些年輕軍官追著跑，最後躲在皇居的廁所，切腹自殺。另一位訪客告訴我，樞密院被叫去討論投降條款，而陸軍大臣試圖說服天皇撤回《終戰詔書》，天皇回絕，天皇擔憂的是日本這個國家，不是自己或軍方。

傍晚，我再次巡房，發現每五位或六位患者當中就有一位出現瘀斑[39]，跟吉田太

39 瘀斑是出現在皮膚上的皮下點狀出血，像是白牆上的小斑點，是皮膚微血管出血所致。

太身上的一樣。有些患者的皮下出血很大，有些患者的皮下出血很小。皮下小出血的患者沒發現自己皮下出血，皮下大出血的患者問我那些是什麼。

不久，我發現原爆中心附近的民眾最有可能皮下出血，很多看似沒受傷的民眾現在都出現瘀斑了。由於瘀斑不癢也不痛，因此我不知該怎麼解釋瘀斑出現的原因。

我回到自己的病床後，就把我的發現告訴笹田醫生與鹽田先生，他們建議我檢查一下自己的身體。我的皮膚沒事，鬆了一口氣。

我在晚餐時得知，明天會有一群鄉下的女學生過來協助我們。幾個鄰近的縣政府會組成救護隊，承諾提供其他協助。另外還得知，民眾湧進廣島搶劫搜刮。

一九四五年八月十八日

白日的開端晴朗，但不久雲朵聚集，下起了我們極需的陣雨。

我很早就開始巡房。死亡人數大幅減少，但每天還是會有一兩位患者死亡，而且每個案例都在死亡前出現瘀斑。

有瘀斑的患者人數正在增加。就吉田太太的狀況來說，瘀斑數量比昨日多，她的臉上露出死亡的神情。她的傷口再也不潮溼出血，而是乾燥結痂。我跟潮先生說，我覺得她撐不到晚上。

除了門診患者出現瘀斑，今天還有另一個症狀愈趨明顯——很多患者開始掉髮，氣色差。我突然想到，假如有顯微鏡，血液檢驗或許能用來解釋起因。

我回到自己的病床，發現笹田醫生正在仔細檢查自己的胸口。他一看見我，就蓋住身體，好像不想讓我知道他在做什麼。我沒發表任何看法，因為我不想讓他覺得尷尬，也不想要侵犯他的隱私，但就算他不發一語，我也很清楚，他身上有瘀斑，不想讓我知道。然而，他的臉上絕對流露出擔憂的神情。最好不要打擾他，我假裝從病床上拿了某樣東西，然後離開病房。

我在樓下碰見廣畠先生，他坐在長椅上，我在他旁邊坐了下來。廣畠先生受雇於電話局，爆炸發生時，他正在電話局的大樓裡工作。儘管廣畠先生距離原爆中心不到四百公尺，卻沒有受傷。

「你附近的人幾乎都遇害或受傷，你是怎麼逃過一劫的？」我問。

「大樓厚實的混凝土牆壁保護了我。」廣畠先生回答：「但是站在窗戶附近的人都立刻遇害，或者之後死於燒傷或割傷。夜班人員才剛離開，日班人員在爆炸發生時開始工作。四十人或更多人在入口附近遇害。建設課約十五位職員脫掉上衣，正在外面做體操，他們瞬間死亡。」

「醫生，人被烤過以後變得相當小，不是嗎？爆炸後，那些人看起來都像小男孩。我一直掉頭髮又覺得很虛弱，到底是什麼原因？醫生，我很擔心，因為人家說我會死，我認識的一些人看起來根本沒有被閃光傷到，後來卻死掉了。」

「廣畠先生，我覺得你不用擔心。」我如此回答，努力打消他的疑慮。「你跟很多人一樣，都經歷了可怕的遭遇，還努力在通訊局這裡日夜工作，你已經做得很好了。

你一定要回家，安靜躺在床上，盡量吃營養的食物。」

這位可憐的老男人，他的坐姿，他的言談，他的膚色，在在透露出他即將死去。不過，別人又能幫什麼呢？

今天早上，女學生前來協助，在護理師的指導下，把病房徹底清理乾淨，一切變得井然有序。

外頭，毛毛細雨落下。

今天早上，我們的病床被搬到新的病房，把大病房讓給樓下的患者使用。我們搬進的病房比較小，但相當合用。五張病床在窗戶旁邊擺放成一排，三張病床沿著走廊旁邊的牆壁擺放。笹田醫生的病床放在牆壁附近，這樣就不會吹到冷空氣，他的傷口還是很疼，吹到冷風會更痛。我的病床放在笹田醫生的對面，這樣我就能吹到微風。八重子的病床在我的隔壁。賀戶小姐的病床在八重子的後面。賀戶小姐與笹田醫生之間的病床，則是保留給值班醫生，但白天的時候，這張病床被當成訪客的座椅。鹽田先生、山小姐、薄田小姐的病床是靠走廊。我們的新病房有兩個入口，一張壞了的桌椅放在離我最近的入口旁邊，當成辦公室與會客室。整體的擺設相當舒適，我們彼此間的距離更加拉近，營造出親密感和安全感。

窗景是東南東方向，有別於上一間病房的正東九十度方位。我看得見廣島站[40]，後方是海田站，廣島站往吳市的方向，再三站就是海田站。我看得見瀨野與八本松在朦朧的遠處。我看得見山陽線沿線的山脈，而且看著眼前的丘陵，能想像村莊坐落於山底的景色。天空與山脈的朦朧輪廓，讓我想起岡山附近的山村，亦即我母親與兒子居住之處。

前景的一切盡皆毀滅，鐵軌清晰可見，沿著廣島的東北邊界蜿蜒行進。當我望向窗外，有輛火車來了，隨後停下。我從沒見過如此擁擠不堪的火車，而且「擁擠不堪」仍無法貼切描述眼前的情景——民眾群聚在一起取暖，有如成群的蜜蜂，也有如一棵樹掛滿纍纍的果實，連供煤車廂都滿到溢出來了。

火車停下的那一刻，車廂裡的一些人開始從窗戶那裡小解，有些人則是下火車，依照正確方式小解。我正看著這幅淒涼的奇觀，為自己不用承受這麼擁擠的狀況而心生感激，此時引擎發出兩聲尖銳的巨響，火車再度開始行駛。不少人被留下，但被留下好像也沒差。他們靠著自己的雙腳，緩慢又痛苦地繼續前行。人打了敗仗以後，變得何等卑微。

火車每天都變得愈趨擁擠——若有可能更擁擠的話。就連貨運火車也擠滿著如同貨物的人。

我的病床旁的窗戶位於醫院入口的上方，不用離開病床，就看得到每個進出醫院的人。有個年約三十歲的女人來到醫院入口，大聲又激烈地譴責她的丈夫與通訊局，她的丈夫顯然是通訊局的雇員，而她抱怨他的薪水微薄，她吃不飽。在戰爭期間，這位可憐的女人想必都在默默忍受痛苦，既然如今已經戰敗，她要把所有壓抑的情緒全都發洩出來。聽起來她好像失去理智了。

有好消息，大倉先生的妻子還活著！衝擊波發生時，大倉夫婦被壓在自宅底下，大倉先生順利自救。他聽見太太大喊救命，但還沒來得及伸手碰到她，房屋就成為一片炙烈的火海，不得不放棄救援。火勢消退後，大倉先生回到已成廢墟的家，在最後聽到妻子聲音的地方附近，找到一些焦黑的遺骨。大倉先生以為那就是妻子，便帶了回去，放在醫院祭壇的前面。

前幾天，大倉先生把遺骨帶回妻子鄉下的娘家，卻發現妻子平安在家，沒受傷。她從著火的屋子裡逃出，上了一輛路過的陸軍貨車，被載去安全的地方。

---

40 廣島站位於通訊醫院東南方約一千公尺，距離原爆中心兩千公尺。在衝擊波和大火之下，巨大的磚牆和鋼筋混凝土建築物嚴重受損。

這則故事實在難以置信，但我因而體會到，我們永遠不應該放棄希望。

傍晚時分，我再度巡房，發現有瘀斑的患者狀況很差。大家開始相互檢查身上有沒有不詳的斑點，最後我們好像都患上了「斑點恐懼症」，我也變得害怕起來。我回到病床上，檢查身上每一寸肌膚。沒找到瘀斑後的輕鬆感，你可想而知。目前為止，我沒事。

一九四五年八月十九日

大致晴朗，偶爾有雲，遠處有雷聲。

鐵軌距離醫院不到一百公尺，每當我聽見火車聲，就會在病床上坐起身子往外看。火車雙向通行，載滿退伍的士兵，而這幅情景更突顯了戰敗的現實。在通訊局這裡，原先在醫院附近的大群士兵全都消失不見，移動及返家的渴望變得很有傳染力，就連平民患者（當中很多人幾乎沒辦法走動）也離開醫院。很多人之所以逃離，是為了躲避那些尚未到來的敵軍。

鹽田先生興高采烈，我知道原因——他便祕好幾天，今天腸子終於有動靜了。我跟他說過，他太過緊張，所以腸子才會無法蠕動。每天，我都會教他排便的技巧。我在講的時候，他和旁人都在笑，但他要是把我的話給聽進去，就不會為此煩心。沒耐心的話，糞便就永遠不會出來。唯有放鬆了，它才會出來。愈沒耐心，它就愈會卡住。由此可見，耐心是最大的重點。唯有出現強烈蠕動的感覺時，才應該試著排便。此外，出現強烈的感覺就向下施力，蠕動停止就要放鬆，等待蠕動再次發生。力道必須跟蠕動結合在一起，訣竅就是自然地連結兩者。今天，鹽田先生聽從我的指示，結果他的腸子蠕動得很厲害。

「天啊，天啊！」他驚呼道，回到病房時臉上帶著大微笑，像是棕色的炸豆腐，他對我說：「我好多了，醫生。多虧了你，非常感謝。」

他的妻子露出寬容的微笑，同時把他流汗的眉毛擦一擦。山小姐有大範圍的燒傷，全身覆蓋著繃帶。每次她的護理師姊姊來換繃帶，她就出聲斥責。我可以理解她的感受，但一陣子之後，我更可憐她的姊姊。

另一方面，薄田太太燒傷面積沒那麼大，更換敷料時，總是咬緊牙根，保持沉默。儘管薄田太太的燒傷導致疼痛還危及性命，但她絕對沒有山小姐那樣任性。薄田太太的女兒負責更換敷料，我記得薄田太太沒有開口罵過一次。我觀察到兩位婦女有類似的創傷，一位總是在罵人，另一位很冷靜，有點意思。

勝部醫生幫笹田醫生、我的妻子、還有我更換敷料。撕除膠帶時，我的頭髮被連根拔起，那時最痛苦。為了不讓我痛，勝部醫生會慢慢撕掉膠帶，但對我來說，那樣反而是在幫倒忙。為了逃避這種刺痛，輪到我更換敷料時，我會盡快用力撕掉膠帶。

今天吉田太太去世，她最後的其中一種症狀是視覺障礙。在醫院各處，瀕死的患者增加，他們幾乎總是出現紫斑，身體各處大範圍嚴重出血就會出現這種症狀。對於這種可怕的症狀，我們無能為力。至於出現瘀斑的患者，他們的狀況似乎還過得去，但我們還是會擔心。

今晚，我躺在病床上的時候，聽得到地下室傳來昆蟲尖銳的聲音，蟋蟀發出唧唧聲，彷彿在呼喚秋季，聽起來很寂寞。我快睡著了，突然間，樓下的病房傳來刺耳的尖叫。我衝下樓，發現某位重傷的女患者發瘋了，她披頭散髮，放聲尖叫，如同陰暗的巨人般，站在昏黑的病房裡。她把周圍的患者全給嚇壞了。同時，她的弟弟用盡全力安撫她。

「姊姊，大家都在睡覺。」弟弟用沙啞的聲音低聲勸告。「拜託安靜點！你打擾到別人了！」

我意識到這樣沒辦法讓她安靜下來，就下了醫囑，從治療室拿來兩劑嗎啡給她施打。施打後不久，她吐了兩次，陷入深沉的睡眠之中。精神崩潰是即將死亡的徵兆，她弟弟察覺到了，我為他感到難過。

我完全清醒，無法入睡，許多念頭湧進我的腦海裡。

閃光出現後，我們以為燒傷或受傷的患者獲得治療後就會康復。然而，現在這種想法顯然不正確。看似康復的患者出現其他症狀，而這些症狀導致患者死亡。眾多患者死去，我們卻未能理解死因，陷入絕望之中。我們無法解釋患者的症狀，過去幾天以來，斑點開始出現，而斑點背後的原因，更引人擔憂。

最初的幾天期間，數以百計的患者死去；接著，死亡率下降；現在，死亡率再度上升。閃光出現後的頭四天或頭五天死去的患者，常見的五種症狀如下：全身倦怠、食慾不振、嗝氣、腹瀉、嘔吐。在前述症狀當中，全身倦怠與食慾不振最為常見，腹瀉的患者多於嘔吐的患者。重症患者出現全部五種症狀。隨著時間過去，在無法康復的患者當中，食慾不振與腹瀉是最頑強的症狀。

還有一項觀察，腸胃症狀的嚴重程度似乎跟燒傷程度和其他傷勢程度毫無關聯。很多傷勢嚴重的患者快速康復，而出現前述症狀的患者看起來根本沒有受傷，儘管如此，最後還是死亡。

在死亡的患者當中，很多都腹瀉帶血，類似痢疾的症狀，另一些人則出現血尿或咳血的症狀。女性患者經常出現嚴重的子宮出血，起初我們誤以為是經期紊亂。有些患者拖了一個星期，死亡前出現口腔炎或壞疽性扁桃腺發炎。現在，死亡率再度上升，口腔炎和瘀斑都出現了。瘀斑出現的模式跟有腸胃症狀的患者一模一樣，瘀斑的出現跟外傷的類型或嚴重程度毫無關聯，有些患者看似沒有受傷，甚至覺得自己狀況好到可以幫忙照顧其他患者，他們的皮膚底下開始出現血斑。有好幾例應該是健康的人，卻出現瘀斑，比那些明顯重症的患者還早死去。這樣你就能明白，我們何以覺得瘀斑的出現是不祥的預兆。

流行性痢疾跟我們目睹的那些令人困惑的症狀毫無關聯，這件事如今已是顯而易見。進一步推論，前述症狀有可能是白血球數量減少造成，而白血球數量減少有可能是壞疽性扁桃腺發炎的毒性效應所引發。我沒有想到，壞疽性扁桃腺發炎可能是白血球減少所致。

為什麼白血球會減少？

我最多只能推論到這裡，無法解開這個謎團。然而，我們能做什麼呢？接下來會發生什麼事呢？沒有答案嗎？這些念頭讓我一直醒到早晨。

一九四五年八月二十日

短暫多雲，但大致晴朗。

我申請了顯微鏡，今天早上送達，從東京的通訊醫院送來的。在通訊局前任局長生田的吩咐下，一位特派信差南下送來顯微鏡。

我們立刻設置顯微鏡，為血球計數做好準備。結果發現，我們病房六名患者的白血球數量大約是三千，而正常數量是六千至八千，不到一半。

血液檢驗在勝部醫生與鼻岡醫生的指導下進行，大家都十萬火急地努力檢驗患者。有些患者的白血球數量僅五百至六百，絕大多數的患者是兩千左右，有一位重症患者是兩百，抽血後沒多久就死亡。顯而易見，血球數量很低的患者，預後最差。

至於燒傷與受傷嚴重化膿的患者，我們預期他們的血球數量會增加，但他們的白血球數量也很低。我的疑心得到證實，患者的血液疾病具有顆粒性白血球缺乏症的特徵，換句話說，就是白血球遭到抑制，某種毒性物質一定就是肇因。當我說出以下這句話時，我聲音裡的欣喜之情難記錄下來：「我們處理的是某種不明原因造成的顆粒性白血球缺乏之症，它引發了壞疽性扁桃腺發炎！」

我檢查每位患者，得知很多患者竟然都住在醫院附近。我還發現，醫院裡的陪病親屬比患者還要多。該怎麼應付這種情況，我實在不知道。供應食物給患者就已經夠難了，遑論親屬，但是既然他們無處可去，似乎也別無選擇，只能讓他們住在醫院，怪不得醫院和通訊局一直看起來像個貧民窟，其他地方的情況也好不到哪裡去，這件事是我從友人相良先生那裡得知的，他現身時帶了一件新襯衫、幾件健行長褲、一雙鞋子給我。他對我說，附近的神社、學校建築物、房屋，每個地方都擠滿閃光的受害者，他們的處境比我們惡劣許多，因為他們沒有藥物，沒有衣物，食物也很少。相形之下，我們這裡的患者有醫生和護理師，而檜井醫生與溝口先生不知用何種方式，幫我們找來藥物和食物。

為了不顯出賣弄的樣子，我一直穿著廣島市給我的及膝短褲和手縫襯衫，而且患者與家屬對我們有足夠的信任，願意留下來，我也心懷感激。

一九四五年八月二十一日

今日晴朗。

訪客人數與日俱增，他們看見的、聽見的、想過的，他們全都要訴說出來。如今，我從早到晚聽著他們堅持訴說的那些故事，覺得非常無聊，但訪客才不擔心我無聊。

「醫生，閃光出現的時候，你人在哪裡？」他們都會這樣問，然後沒給我開口的機會，就繼續講述他們的遭遇。每位訪客都試圖要我相信他們的故事獨一無二，有些訪客確實有不尋常的故事要說。

「勞工服務單位在比治山設置急救站，」某位訪客講述：「那裡陷入一團混亂，很多人燒傷，臭得像是乾魷魚，看起來像是燙過的章魚。這麼可憐的景象，我從來沒見過。」

「醫生，你覺得人的眼球凸出來還看得見嗎？」這位訪客繼續說：「唉，我看見有個男人的一顆眼睛受傷，被扯了下來，他就站在那裡，眼球擱在掌心上。我嚇得毛骨悚然，因為看起來那顆眼睛在盯著我。醫生，瞳孔就直直盯著我看，你覺得那顆眼睛看得到我嗎？」

我不曉得該如何回應，就說：「你有沒有看到你的臉從瞳孔映出來？」

「沒有，」訪客回答：「我沒有那麼近去看。」

幸好，這段對話被我們的老友、玉島的安原醫生給打斷了，安原醫生曾經是我們醫院的外科部主任，兩、三年前離職。

「醫生，你住在這個地方不安全！」他開始說。「來吧，跟我回家。住在這種地方，你永遠康復不了！」

安原醫生滿腔熱血，我很清楚，要是我不警覺一點，他可能會把我推進車裡，我還沒意會過來就把我給送走了。他認出我的妻子、鹽田先生、山小姐、薄田小姐後，就冷靜下來了。他看見這些老友，才意識到我不是唯一一個處境堪慮的人。

「我帶了一點小禮物要送給你，是一盒桃子。」他壓低聲音，眼淚盈眶。

安原醫生詢問醫院和通訊局裡其他朋友的狀況，接著告訴我們，我的表弟占部上尉死了，我們的老友與同學小野田醫生、赤松醫生、大杉醫生則失蹤。我遲早會獲知這個傷心的消息，但目前這樣根本無法讓我打起精神。

午餐時分，我們吃著安原醫生帶來的美味岡山桃。

我打算下午巡房時盡量記錄患者的病史，但一切都讓人摸不著頭緒，我簡直不知該從何開始。昨晚發瘋的女人又發作了，大喊著無意義的字眼。有瘀斑的患者增加，部分患者表示，頭髮大把脫落。

我的確寫了一些簡短的筆記：

酒井先生，五十三歲，男性，進入醫院時的症狀是胸部不適。兩隻手臂出現幾個明顯的瘀斑，瘀斑大小如小指指尖。體溫三十八度。大量掉髮。病情危急。

濱田太太，女性，四十七歲。在鐵炮町的屋內暴露於輻射下，距離原爆中心一公里。轟炸後隨即嘔吐、虛弱、頭痛、口渴。症狀持續約四天，伴隨全身倦怠與腹瀉。逐漸改善，認為她在八月十五日會完全康復，只是輕微倦怠。

一九四五年八月十八日，全身倦怠急性惡化，每天愈趨嚴重。昨日住院，皮膚乾燥，胸膛、肩膀、兩隻手臂有無數瘀斑。主訴為吞嚥疼痛、口臭。病情危急。

小林小姐，女性，十九歲。在八丁堀的街道暴露於輻射下，距離原爆中心七百公尺。嘔吐數次，同時還嘗試逃跑。接下來三天嚴重虛弱，食慾不振、腹瀉。她跟濱田太太一樣，逐漸康復並恢復了好胃口，但是因為全身倦怠及失眠，仍待在床上。八月十八日左右，一般症狀惡化，於是住院。住院時，有全身性的瘀斑，頭髮掉光。脈搏相當不錯，所以並未列入病情危急的組別。

掉髮！

這是不尋常的症狀，但千真萬確。我下意識抓起自己的一些頭髮，拉扯看看。我本來頭髮就不多，但落髮的量還是會讓我心煩意亂。

這項不愉快的發現促使我仔細檢查每位患者的腦袋，結果發現所有患者都出現程度不一的掉髮情況，小林小姐與酒井先生的掉髮狀況最嚴重。

患者現在有另一種症狀要擔心，但沒人比我還要擔心。

只有臉沒燒傷的美人並未出現脫髮的徵象。她還躺在一灘膿液上[41]，看似沒有好轉，也沒有惡化。既然沒人照顧她，我總是會在巡房時特別關照她，試圖讓其他患者給予協助。她似乎意識到我的關切，每當我來巡房，她都會露出欣喜的微笑。儘管她

41 二級和三級大面積燒傷的患者，破皮的膚表會滲出體液和白血球。這些滲出液或膿液會不斷滲出，直到傷口痊癒或結痂為止。

的臉部和身體被汙垢和穢物染黑，但她微笑時，給人很美的感覺。也許是拜她那顆閃亮的金牙所賜，我不由得想起印度人和他們的黃金飾品。

我回到病床上，向鄰居說明患者掉髮的原因，並試圖拉扯自己的一些頭髮。示範完以後，每個人都開始拉扯頭髮，但沒有一根頭髮被扯下。就連我的頭髮這次也沒脫落。我們說服自己相信，放心，我們正在張滿著帆前進，邁向康復。

我們吃桃子慶祝，覺得喉嚨裡的煤煙被清乾淨了。此後，每當我想起那些美味的桃子，就不由得口裡生津。

八重子好像感冒了，正在發燒，我給她阿斯匹靈。

一九四五年八月二十二日

今日晴朗。

離天亮還有很久，我卻醒了，沒有睡意。同寢的人還在睡覺，我悄悄溜下床，上樓去露臺看日出。天空晴朗清新，我待在露臺上，直到太陽懸在天上為止。我心想，現在是個好時機，可以去古老的廣島城那裡，探訪第二軍團與本部分遣隊的遺跡。

在前往遺跡的路上，我突然想小解，正在找地方的時候，發現一處完好無損、鋪設磁磚的廁所。我很開心，因為這個地方比醫院廁所還要乾淨，正如前文所述，醫院廁所就只是用木板蓋住地面的坑洞，周圍用草蓆遮擋。這間廁所離醫院很近，所以我決定以後都過來使用。

我在醫院南方的陸軍倉庫遺跡停下腳步，發現兩臺燒焦扭曲的摩托車架，上面覆蓋著破裂的磚塊和屋頂瓦片，但沒有武器。我心想，陸軍的撤退做得真好。轟炸前，通訊局南側附近矗立的木製倉庫首先著火，無一物留存，只剩下四處散落的屋瓦。這棟建築物的火焰害醫院與通訊局燒了起來。為了預防火災，陸軍沒必要地拆除了這區的眾多屋舍，卻留下這個火種盒沒拆。醫院方圓五十公尺內的屋舍全都遭到拆除，所以醫院才沒有完全被火舌吞噬，但是這間沒用的木製倉庫被留在陸軍營區邊緣，使得我們的建築物蒙受不必要的損害，導致我們受傷。

由此就能理解我們對陸軍領袖的藐視與憎恨。他們的冷血與愚蠢沒有極限。我們的個人權利被侵犯，我們何時說的什麼話會惹到他們那暴躁又惡意的性格，我們永遠不得而知。溝口先生曾在廣島站被一位憲兵質問，後來這位低劣苛刻的軍人顯然沒有確鑿的證據可以指控，只好託辭說溝口先生看起來像韓國人，打了他一巴掌。

我離開這處令人厭惡的遺跡、壓迫的象徵，回到醫院吃早餐。

佐伯老太太把飯端給我的時候，興奮地睜大眼睛。

「醫生，聽說你想要多少襯衫和制服，工兵隊都會給你！」她大聲說。「你和溝口先生怎麼不去領一些回來？他們有一大堆！陸軍什麼都有！」

婆婆把兩隻手臂張到最大，繼續說：「他們會給你這麼多，他們有毯子、制服、鞋子，全都堆得跟山一樣高。他們真的有，陸軍什麼都有！」

溝口先生已經調查過這個傳聞，他插話說：「婆婆，有些東西在十八日以前的確有，可是現在他們什麼都不給。不過，我們也許要再試試看。」他轉向我。「還有不少庫存，也許我們去找工兵隊長，說我們想拿一些物資給醫院用，他可能會幫我們。不管怎樣，試試看也沒什麼壞處。」

我贊同溝口先生，我倆打算今天下午就去工程指揮部一趟。

診所擠滿了想做血檢的患者。我看見兩位患者在走廊上等待，頭髮明顯稀疏。在清潔員工作室附近，我碰到前岡太太，她曾經是通訊醫院的護理師。她的丈夫已死，她過來是為了做檢查，因為她覺得不舒服。

這位可憐的女人虛弱消瘦，臉色蒼白，眼睛毫無光彩，只要看一眼就知道她時日無多。她來這裡是期望獲得幫助，但我們什麼也沒辦法做。

今天，在住院患者的身上，察覺不出顯著的變化。我經常巡房，所以已曉得怎麼區分患者和家屬。經過調查統計後，發現家屬的人數無疑超過患者。很多家屬白天出去工作，晚上回到醫院，所以我們的病房與其說是醫院，不如說是住滿患者的公寓。每戶人家會把幾塊榻榻米拼接起來，像是自家客廳那樣，家人圍坐在火缽[42]和廚具旁

42 火缽是木製、金屬製或陶製的容器，用灰燼（通常是稻草灰燼）把火缽部分填滿，中間擺放小炭火。除非有例外情況，否則比較常用於取暖，而不是烹調。

邊，以友善的方式分享配給的糧食。

通訊局的臨時病房由沼田先生管理，醫院的病房由木元先生管理。在兩人的出色指示下，一切井然有序，再次證明職員都勤快工作，努力照顧醫院裡那些慌張的民眾。

現在，大家都覺得掉髮比瘀斑可怕。確實，有些人把身上的斑點都拋在腦後。濱田太太今天的情況惡化。她的頭髮全都掉光，瘀斑變多。

小林小姐發燒到三十九度。她喉嚨痛，並且表示很虛弱、胸部不適、腹部疼痛，頭髮全掉光，腦袋像是黃色的南瓜，身體覆滿大小瘀斑。她和濱田太太都是重症。

我昨天提到的患者酒井先生，看似被剃光頭。先前頭髮脫落的小林小姐，現在長出一層細毛，腦袋看起來好像塗了墨汁似的。濱田太太、小林小姐、酒井先生，這三位患者全都掉頭髮、有瘀斑，不曉得哪一位會先去世。

瘀斑的盛行率沒辦法精準估算，因為除非出現症狀，否則察覺不到。瘀斑的發作與掉髮之間的關聯，也同樣無法判定，因為兩者可能在數小時內一起出現。這兩種症狀一起發生時，疾病的徵象遲早會伴隨而來。

午餐過後，溝口先生與我前去造訪工兵隊長。我努力表現得體面，但穿著骯髒的褲子和襯衫，實在很難做到。

第五工兵大隊指揮部位於白島的郊區，通訊醫院正北方太田川兩條支流之間的半島。我的家在白島，轟炸前，我以為白島是大型郊區，但屋舍消失後，現在看起來相當小。不是全部的屋舍都被摧毀，但殘留的幾間屋舍嚴重受損。

工兵隊主要的臨時堆積處位於河的對岸，可經由工兵橋進入。一名衛兵站在工兵橋的另一端看守，他認識溝口先生，提議帶我們去見隊長。

我們走過一處開闊的區域，到處都是堆得高高的武器和其他物資，最後我們來到山坡上的洞口。衛兵請我們在這裡稍候，隨後消失在山洞裡。一會兒之後，他跟隊長一起出來。衛兵和隊長都沒帶武器，這在我心裡留下深刻的印象。我得承認，看見這些士兵的刀槍被奪走，我覺得很沮喪，沒有什麼比這幅畫面更能象徵日本戰敗。

隊長年紀很大，一臉愁容，我湧起同情之心。有好一會兒，我茫然若失，不知該說什麼。我鞠躬，溝口先生引介我。經過引介後，我恢復鎮定，接著把我們的醫院和醫院的工作都告訴隊長，從閃光出現當天到現在的情況都一五一十吐露，我最後請他提供協助。

這位年邁的軍官有禮地專注聆聽。等我把話說完，他以低沉認真的語氣回答：「大約十七日以前，我收到命令，把陸軍的衣物和其他東西分配出去。可是十七日以後，政策改變，我現在收到的命令是把物資移交給市政府，由市政府負責把物資分配給市民。」

「那麼，」我問：「把兩百位患者的衣物、毯子、其他必要物資移交給市政府，並且明確要求在我們的醫院進行分發，這樣有沒有可能呢？」

年邁的軍官說，他完全贊同我的提議，他會盡力協助我們。

我們謝謝他好心協助，鞠躬，隨後離開。

走出去的時候，我們仔細查看那些堆著的物資，像在看寶藏一樣。有好多好多的東西：鋸子、斧頭、導航燈、廚具、桌子、椅子。標有「鞋子」的盒子堆得跟天空一樣高，毯子、陸軍制服、內衣、裝著皮革製品的大盒子堆積如山。在我們的眼裡，這些物資應該足夠廣島的所有市民穿戴，還會有剩。

要是可以幫醫院弄到一些就好了！我們治療傷兵，應該有資格獲得什麼吧。在回程的路上，我絞盡腦汁，想著有沒有合適的人選或某位朋友會幫我們說情。我想不到人選，於是我們做了決定，溝口先生應該前往市政府，說明我們跟工兵隊長會面的情況，請市政府在整件事被繁瑣費時的手續卡住前先提供協助。

晚餐後，勝部醫生與鼻岡醫生告訴我患者首次血檢結果。我們沒有電力，顯微鏡只能在大白天使用，所以我很訝異，他們竟然檢驗了大約五十個病例。

距離原爆中心兩公里至三公里，在牛田地區暴露於輻射下的患者，白血球數量介於三千至四千之間。比較靠近原爆中心的患者，人數較少，白血球數量大約是一千。重症患者的白血球數量不到一千。愈靠近原爆中心，患者的白血球數量愈低。

假如我們能檢驗數百名患者的血液，應該能證明距離與白血球數之間的關聯。

原爆中心的確切位置存疑。原子彈並未在地面爆炸，而是在空中爆炸，所以沒有確切的地標。有些人說，原子彈是在相生橋（俗稱T字橋）上面爆炸。有些人認為，爆炸地點位於其他地方，比如廣島郵局、島醫院、科學產業館、護國神社入口處的巨大鳥居。沒辦法去問原子彈，所以沒辦法判定[43]。主流意見認為，原爆中心是護國神社的巨大鳥居，但我認為原爆中心在更南的地方，這是我們武斷推定的地點。

43 熱陰影是爆炸伴隨的強烈閃光所投射出來的，會被刻在混凝土上、石頭上、金屬上。從多點進行三角測量，投影線的相交處可用來判定原爆大約的地面位置與高度。然而，就算做出數以百計的投影，原爆中心直徑也無法縮小到明顯小於一百公尺，高度也只能推估在五百公尺至七百公尺之間，無法更精確。原爆中心有可能更靠近島醫院的上方。前文已經提過，醫院入口處兩側的混凝土柱子被打進地裡一段距離。假如推動力不是在空中，那麼柱子應該倒下才對。

初步的血液檢驗結果使我們振奮不已，首次覺得我們逐漸了解這個未知的敵人——原子彈。

我十分激動，幾乎一整晚都沒闔眼。

一九四五年八月二十三日

天氣晴朗，偶爾有雲和涼爽的微風。

今天一開始，我去了昨天發現的雅致廁所。回到病房，發現鹽田先生咧著嘴笑，他一直看著窗外的我。

鹽田先生負責管理我們，他回到崗位上已經好幾天了。他可以走動以後，他首先做的其中一件事就是帶著兩個袋子出現，每個袋子裝著五十包菸。他是從哪裡怎麼弄來的，我永遠不得而知，但你可以想見，我們有多麼驚訝又開心。我從來沒在菸草店以外的地方見過這麼多的菸，從沒想過這麼多的菸會來到我們手中。好一陣子，我們把一包包的菸展示出來，好好享受這份意外的慷慨贈禮。醫院各處的癮君子都鬆了一口氣。當然了，有本事又強壯的工作人只要有了一包菸，就能做更多工作。同樣的道理，學生幫手的效率有可能會明顯提高。只要擁有數量充足的香菸，我們就什麼事都做得到。這份奢侈在廣島已極其稀有，因為香菸在以物易物市場的價值非常高。我們對於鹽田先生的能力感到十分驚訝。

「我想弄到多少都弄得到，」他信心十足地大聲說：「你們想抽多少盡量抽！這些都沒了，我會再弄來。」

我們抽著菸，噴出菸霧，直到心滿意足，再度活了起來為止。

笹田醫生今天狀況比較好，可以看見他稚氣的臉龐從紅褐色痂的後方隱約顯現。他離狀況良好還遠得很，但確實有好轉。他試圖隱藏的胸口瘀斑，已消失不見。

山小姐的燒傷還是很痛，但沒有瘀斑或掉髮的徵象。

薄田小姐的水腫正在消退，臉部看來有好轉。

我妻子的高燒降低，但她還是畏寒。不管她是得了什麼病，應該都不嚴重。

我們全都更開心了。笹田醫生的瘀斑消失了，這表示瘀斑不見得代表死亡。這個想法讓我們開心起來。

十點左右，有位朋友前來探視我，是磯野先生，我得知他是新任的通訊局局長，訝異不已。我開始為通訊局工作時，他是通訊院保健課課長，不僅知識淵博，作為醫院行政主管也很有能力，因此我非常尊敬他。他聽到「廣島七十五年不宜人居」的傳聞，憂心忡忡，我趕緊安撫他。

今天早上的病房氣氛跟我們的病房形成鮮明的對比。沒有掉髮的患者非常擔心，一直在拉扯自己的頭髮，已掉髮的患者則深信自己會死。儘管笹田醫生的情況讓我留下深刻印象，原來瘀斑是可逆的，不一定是死亡的徵象，但我必須承認，我也忍不住跟他們一樣擔心。

某位患者請我留步，然後問：「醫生，你的頭髮變少了，對吧？」

「我天生頭髮稀疏，」我回嘴：「而時間沒辦法阻擋頭髮變得更稀疏。你跟我一樣很清楚，掉髮跟長壽之間沒有關聯。」

我的意見是出於自尊心與恐懼感。我沒有告訴那位患者，其實我跟別人一樣，都在拉扯自己的頭髮。我真的很擔心。這種虛張聲勢的表現騙不了人，我愈是試圖隱藏內心的擔憂，內心的擔憂愈是顯現在我的臉上。

我繼續巡房時，發現症狀僅是掉髮的患者，狀況似乎有所好轉。有一位男性門診患者頭髮完全掉光，卻沒出現疾病的徵象。由此可見，掉髮並不代表死亡。

我回頭巡房，放下醫師角色，努力安撫患者。中文的「醫」字也有安撫意味。

我昨天提到的三位患者變得更虛弱，瘀斑變多。酒井先生是三位當中狀況最嚴重的，我不知道是否因為他的年齡所致。現在，酒井先生與小林小姐的頭髮完全掉光，但濱田太太的頭髮只是稍微變少，所以很難判定她到底有沒有掉髮。

症狀沒那麼重的患者當中，有些人的瘀斑跟笹田醫生一樣消失不見，有些人的瘀斑則正在增加，仍然沒有跡象顯示掉髮與皮下出血有關。掉髮跟人的體質也許有關，也可能無關。

今天早上，我又做了臨床紀錄：

大呑先生，男性，五十歲，在八丁堀的食物配送公司二樓暴露於輻射下，距離原爆中心七百五十公尺。轟炸後隨即嘔吐約十五次，症狀有頭痛與虛弱。休息一週開始好轉，能再度行走。兩三天前出現牙齦炎。轉為重症，沒有掉髮，但出現無數瘀斑。

這位男性的病史很典型，是那種起初看似好轉、後來卻惡化的患者。如果這件事屬實，那麼現在狀況看似良好的人，都應該有所警惕。

等我巡完房，午餐都結束了，餐廳裡只有佐伯老太太一個人。

「婆婆，」我一邊坐下一邊說：「重症患者正在增加，掉頭髮的患者我並不擔心，我在意的是喉嚨痛和發燒的患者，他們似乎沒有好轉。他們看起來好轉，你也不能掉以輕心，畢竟你不曉得他們何時會再度惡化。」

婆婆耐心聆聽我們所有的煩惱，暫時停下煮茶的動作說：「醫生，你一定要好好照顧自己！這種時候還工作過度，不是好事，你太努力了。我不喜歡你的臉色，你一定要找個人來幫你。」

婆婆把一杯茶放在我面前。喝完茶，我抽了一根菸，然後回到我們的病房。

「樓上簡直是天堂！」我對笹田醫生與鹽田先生如此表示。「樓上是天堂，但重症患者待的樓下就很可怕。你應該看看那些蒼蠅，一大堆停在天花板上，看起來像是有人到處撒了芝麻。經過廁所，嘈雜的蒼蠅成群出現。佐伯老太太把它們叫做『人蠅』。你知道為什麼嗎？因為她說那些蒼蠅是人類孵出來的。」

我的聽眾都笑了出來。

「如果你覺得我在騙人，那就下樓親眼看看。」我有點生氣地回答。

「我們都很清楚。」鹽田先生回答。「我們不是在笑你，是覺得佐伯老太太的形容很有趣。『人蠅』，也許她說的沒錯。」

「所以你才會去廢墟上廁所！」鹽田先生取笑我。

「鹽田先生，你自己試試看吧。」我回答。「是我的廁所比較好，還是醫院的廁所比較好。不過給你一個建議：想排便的話，最好等到晚上。」

小山醫生進來病房，這時我們正在大笑，拿廁所和佐伯老太太的「人蠅」當話題。小山醫生一副很煩的樣子。

「我束手無策了，」他大聲說。「根本沒辦法管理這些急救隊，我沒辦法讓他們工作，他們坐在那裡講閒話，或是打探那些跟他們無關的事，我受夠了。」

小山醫生改變話題，向我描講醫院的專業組織。牙醫藤井醫生負責管理門診患者的手術門診。鼻岡醫生負責管理門診患者的藥劑。秋山醫生負責管理醫院的病房、通訊局別館，並且指示前來協助的外部醫生。勝部醫生負責管理手術室，並且照顧病房的患者。護理師在這裡或那裡工作，看哪個地方最需要他們就前去協助。小山醫生除行政職責外，還負責管理眼科。我問他在眼睛受傷的患者那裡有何發現。

「當時看著飛機的人，他們的眼底燒傷。」他回答。「閃光顯然穿過瞳孔，在視野的中央部分留下盲區。」

「大部分的眼底燒傷是三級燒傷，所以沒辦法治好。」

我心想，臉部或身體燒傷的人很幸運，就算疤痕很醜，最起碼沒有失明。

妻子發燒、畏寒，我給她阿斯匹靈和匹拉米洞（pyramidon）。

一九四五年八月二十四日

大致多雲。

晚上有一大堆蚊子，我睡得不好，做了可怕的夢。

夢裡，大地震過後，我人在東京，周圍都是正在腐爛、堆積如山的屍體，那些屍體全都直直盯著我看。我看見一顆眼珠在一個小女生的掌心上，突然間，它轉過來，跳到空中，往我的方向飛過來，我往上一看，就看見一顆巨大的眼球，比生物還要大的眼球在我的頭頂上盤旋，眼神空洞地盯著我看，我失去力氣，動彈不得。

我呼吸急促地醒來，心臟劇烈跳動。我在做這場可怕的惡夢時，一定是屏住了呼吸。比治山急救站有個男人捧著眼珠的故事，有點太過了。

我躺在病床上，試著回想那個說眼球故事的男人叫什麼名字，可是我想不起來。我跟那個男人很熟，也知道他在哪裡工作，但我還是記不得他的名字。

在名字上的盲目，之前就讓我心煩不已，因為自從閃光出現後，有很多朋友的名字我都講不出來。有時就快要想起名字，接著卻完全想不起來；有時，我記得名字，卻不記得臉孔。這種令人發狂的混亂要是持續下去的話，我會發瘋的。

我想起小山醫生提到的一些患者，他們直接看向閃光，結果失明。他們的失明可以理解，因為他們的視神經被烤焦了。我的接觸則是間接的，我只看見閃光，熱射線沒有射到我，所以我眼睛裡的「鏡子」並未損傷。儘管閃光是間接觸及我，也許還是造成了損傷。我的視神經可能被閃光給削弱了。我不敢置信，我竟然有逆行性失憶症。人會得視覺失憶症嗎？所以我才會記不得名字和臉？我會好轉嗎？還是說，這個病會一輩子跟著我？早晨來臨，我狀況很差，深信自己永遠無法好轉。

早餐不太能驅散我那陰鬱的預感，於是我回到病床上，茫然凝視窗外。一輛貨車開了過來，我的煩惱被拋在腦後。

物資來了，我們向工兵隊要求的物資終於送抵。我們迅速卸貨，不久醫院前面就有了一大堆的物品，都是必需品，例如鋸子、斧頭、廚具、繩子、桶子、燈具、鞋子、小斧、刀、桌子、其他無數物品，數量充足！

能走動的人都出來卸貨，然後開始自行取用，廚具最受歡迎。我也是自行取用，我選了一只白色的飯碗，中央有一顆藍色星星[44]，還有一只白色盤子，圖案是櫻花。

整個醫院充滿喜悅之情。閃光降臨那天以來，病房充滿悲傷陰鬱的氣氛，如今卻是充滿嘈雜的笑語。患者原本是使用錫罐和被火燒黑的碗，現在卻開心地把新的碗盤整齊擺放在枕邊。維修人員拿到新的鋸子和斧頭，非常高興，他們開心做出鋸切大樹、製作柴火的動作。閃光降臨以來，我們首度有了體面的烹調器具與餐具，還有為取得柴火而必備的工具。

早上沒辦法巡房，等我能四處探視時，已經下午了。

酒井先生死亡，主訴為呼吸急促與失明。濱田太太以同樣方式死亡。

小林小姐，體溫四十度，還在撐著。她那疼痛、感染、潰瘍的嘴巴狀況惡化。主訴為呼吸急促，從早上開始就嚴重腹痛。到底是不是阻塞或穿孔引起腹膜炎，我們無法判定。

大呑先生更為虛弱，瘀斑增加，從早上起直腸脫垂。

頭髮掉光或持續落髮的患者，仍幾乎沒有出現主觀症狀，甚至完全沒有。這情況令人安心。掉髮的徵象再也不能稱為死亡的光環。

44 有藍色星星的白色餐具是專門為日本陸軍製作。

笹田醫生與鹽田先生持續好轉。山小姐與薄田小姐依舊病重，但看起來很穩定。妻子還是發高燒、畏寒，我用阿斯匹靈治療。

晚餐後，溝口先生、賀戶小姐、佐伯老太太，還有我，在餐廳裡持續逗留。我得知有人去了工兵隊的臨時堆積處搶奪物資，那些野蠻人甚至帶著手推車去，把能帶走的東西全都給拖走了。我們今天早上收到的物資，有一部分已經被偷走，帶離醫院。廣島逐漸成為邪惡之城，沒了警察，我並不意外，卻感到難堪。

夜深之際，搖曳的光突然出現在我的窗外，往外一看，發現他們在焚化酒井先生與濱田太太的屍體，浴池的輪廓隱約顯現於前。

一九四五年八月二十五日

清晨多雲，後來晴朗。

我醒來，去了我的專屬廁所。回程途中，我在酒井先生與濱田太太的焚化處停下腳步，在火化的火勢下，顱骨與髖骨不見得可以完全燒光，但這次的火化工作做得很好，只留下白色的骨灰，所以我猜應該用了大量的木頭，多虧了新的鋸子和斧頭。

醫院入口附近有成千上萬隻蒼蠅，每踏出一步，黑色的蒼蠅就會成群飛起，發出嚇人的振翅聲。到處都是蒼蠅聚集而成的烏黑小山，我用棍子戳刺其中一座小山，發現光禿的魚骨，底下是一大堆白色的蛆，一移開棍子，魚骨再度覆滿黑色的蒼蠅。這些蒼蠅才不是佐伯老太太所說的「人蠅」，但也無關緊要。醫院裡裡外外到處是蒼蠅，我們無計可施。最近的天氣加上穢物，蒼蠅的數量增加到駭人的程度。相較於醫院一樓，二樓的蒼蠅沒那麼棘手，但還是很惱人。閃光出現後的第一時間，沒看見一隻蒼蠅，可是現在有蒼蠅，也有蚊子。

早餐時，我提起這個話題，希望有人能提出消除蒼蠅的方法，但是佐伯老太太搖了搖頭，說：「他們是人蠅，所以拿牠們沒辦法。唉，一樓的廚房到處都是蒼蠅，張開嘴巴，就會直接飛進嘴裡。」

我們想過要用汽油把蒼蠅的居住環境給燒掉，但汽油比人血還要珍貴，所以辦不到。總之，蒼蠅在城裡各處的廢墟孵化，所以只在局部地方處理沒什麼用處。

今天，我們又收到工兵隊送來的一批軍方物資，但是除了兩個大湯鍋、一個鐵製爐架、幾張受損的桌子外，這批物資的用處不如昨日。今天，有幾個盒子裝滿紅色和白色的信號旗幟，幾個盒子裝滿卡其色的救生衣，幾個盒子裝著小東西，當中最有用的是裝在皮套裡的小型手電筒。

進出醫院的民眾拿走一支以上的信號旗。卡其色的小型救生衣很適合當枕頭。小孩很喜歡信號旗，到處跑來跑去，讓信號旗飄揚起來，大喊大叫，開心笑著。

我在窗邊看著那些挑揀物資的人們，得知了各種取物的方式。有些人拿東西前會先偷偷掃視周圍，有些人會拿了東西再掃視周圍，有些人則是走過來，大聲叫嚷，以輕蔑的姿態翻找物資，然後搜括所有自己找到的東西，匆忙離去。這齣小劇碼似乎能傳達這些人的個性和教養。少數幾個人看到物資，詢問能否領走一些，這些人讓我相信，世上還是存在有教養的人，我默默記在心裡，要謹言慎行。

今天早上巡房的時候，我發現所有的住院患者現在都有瘀斑並且掉髮，但他們的狀況沒有惡化，所以病房的氣氛變得更為樂觀。

很多患者都問，頭髮會不會再長出來，老實說，我不確定，但還是跟患者說會長出來。明明不知道卻還是這樣說，算是欺騙，但我認為自己會得到原諒，因為患者聽了好開心。

幾位有瘀斑又掉髮的患者出現嘴巴疼痛、體溫上升的狀況。這些患者惡化了，而且很巧，白血球數量都很低。

大呑先生的肛門脫垂，加上胸口的瘀斑增加，所以還是很痛。嘴巴狀況惡化，體溫上升。總之，他看起來狀況很差。

小林小姐惡化。她還是腹痛，腹部相當鼓脹。我觸診時沒有阻力，卻引發劇烈疼痛。她的嘴巴和喉嚨非常疼痛腫脹，無法呑嚥。她高燒三十九度，一心求死。

大呑先生與小林小姐在閃光出現後都反胃，沒有胃口，繼而嘔吐、腹瀉，但一週後好轉。四、五天前，他們出現瘀斑及掉髮，之後嘴巴疼痛、腫脹、潰瘍。兩人的這些症狀加上白血球數量低下，明顯一定會影響預後。

笹田醫生的狀況好轉許多，我們考慮讓他出院。山小姐與薄田小姐還在撐著。

通訊局厚生課課長門屋先生因腹瀉而住院，他在閃光出現後轉到廣島通訊局。我的妻子被移到走廊的病床上，這樣門屋先生就能睡在她原本的病床上。他腹瀉伴隨劇烈腹痛，但我想他會沒事的，因為炸彈爆炸的時候，他人不在廣島。

晚餐後，聊天的話題轉到了轟炸造成的影響。大家還是認為，吸到炸彈散發的毒氣，隨後就會死亡。某個人說，有些人是閃光出現後才來到廣島，他們的症狀跟原爆那天在廣島的人一樣。有人舉例說，有個從祇園來的男人，是在閃光出現後才來到廣島，後來卻死了。

我只能評論說，口腔炎（嘴巴痛）是不祥的症狀，照顧患者而且沒受傷的那些人也出現口腔炎的症狀。

據傳，有些人在原爆中心附近的混凝土建築物裡頭受到保護，所以沒有受傷。那些人現在開始死去，是因為他們後來在廢墟裡工作的緣故。

大家又突然擔憂起來，再也沒辦法讓那些掉髮或有瘀斑的患者安心，必須緩解他們的恐懼感才行。

第一次血檢已過六天，明天又要血檢。我決定把血檢結果貼到每個病房，並且發出聲明，摘述患者的徵象和症狀，並且備註說明患者的進展，也許這種做法會幫助患者恢復冷靜。

我深信，依照我們觀察到的狀況，發布簡單扼要的聲明，對於緩解壓力和恐懼會大有助益。我這麼想著，進入了夢鄉。我記得這是我首次一夜好眠。

一九四五年八月二十六日

一整天下雨，烏雲密布。

早餐後，我正在寫筆記，這時一位護理師衝了進來，說小林小姐快不行了。我到的時候，她死了。

今晨稍早，她不斷表示劇烈腹痛，但她的腹部只有稍微鼓脹。我們覺得她應該不是腹膜炎或腸阻塞，有沒有可能是胰臟炎或子宮外孕破裂？其他患者也提到腹痛，但她的腹痛是主訴。勝部醫生和我討論幾個鑑別上的可能性，但結果還是跟剛開始一樣摸不著頭緒，只有一種方法可以找出原因。

「勝部醫生，我們必須驗屍才行。」我說：「唯有這種做法才有望釐清這個病例。」

「我相當贊同。」勝部醫生回答，他陷入沉思。血檢的時間到了，於是勝部醫生與我一起下樓前往門診部。

鼻岡醫生通知我們，原爆中心附近患者的白血球數量還是很低，但是距離三公里至四公里的患者，再也沒有白血球減少的情況。我很開心得知自己的白血球數量從三千增至四千。

「鼻岡醫生，」我驚呼道：「有謠言說，廣島七十五年不宜人居，這種說法未免荒唐！」

鼻岡醫生適度地拍拍我的肩膀，然後回答：「醫生，現在一切都會沒事的。」

我回到自己的病房，跟大家說我的白血球數量增加，還督促他們立刻下樓接受血檢。我的通知發揮良好的效應。

我坐著開心聊天，有消息說磯野局長想要見我。我去他的辦公室，發現他垂頭喪氣，擔憂不已。

「蜂谷醫生，你還好嗎？」他唐突問道。「你的臉色不好。聽說閃光出現後，來到廣島的人都會死，這是真的嗎？我們是不是應該離開通訊局，去別的地方？我的職員很擔心，很多人都沒來上班。你有什麼看法？」

「磯野局長，你會擔心，因為你是外地來的。」我回答。「我們當時就在這裡，已經習慣這種情況，再也不會煩心。我跟你一樣，都聽說這裡七十五年沒辦法住人，但那是胡說八道。看看我！事情發生的時候，我人就在這裡，還受傷了，但是我正在康復中。其他職員也是同樣情況。沒有一個人死掉。職員出席率不佳，可能是因為很多職員的家裡有急事要處理。你跟我一樣都很清楚，每戶人家都有一人以上受傷。」

「至於瀕臨死亡的人，都是最靠近原爆中心的人。某種轟炸的遞延效應是主因，初期看似健康，隨後幾乎總是出現瘀斑並掉髮。我們今天要替這樣的一位患者進行驗屍。我們擔心的是這類的患者，而不是後來才來廣島的人。我必須坦承，我們不知道病因，也不曉得該怎麼做。」

我努力安撫磯野局長，但顯然不太順利。

「如果我們什麼也不做，」他繼續說：「員工還是會愈來愈少，到時就沒人處理工作了。在我看來，要恢復信心，最好的做法就是把通訊局搬到更安全的地方，城裡可能還有毒氣殘留。」

「我知道有些人那樣說，但那是騙人的！」我激動地回答。「這間醫院就是個很好的例子，因為我們當中沒有一個人死亡，沒有一個人會死！」

「是嗎！」磯野局長回答，他的聲音仍舊帶著懷疑的語氣。

「局長，再跟你說一遍，一切都會沒事的！」我堅決地大聲說。「這謠言到處流傳，胡說八道。為了減輕大家的恐懼感，我打算張貼聲明，讓大家都看得到。」

「很好！」局長的回答沒那麼絕望了。「拜託了。」

可憐的磯野局長想要相信我，卻很難做到。他的想法分歧。

「交給我吧。」我回答，離開辦公室。

我必須立刻實施計畫，把研究結果張貼出來，讓明天早上每個人都看得到。

我吃過午餐，正往我的病房走去，這時佐伯老太太喊道：「醫生，勝部醫生在找你，我走的時候他站在X光室前面，你去那裡就會找到他。」

我在X光室看見勝部醫生，而死亡的患者躺在攝影臺（Bucky table）[45]上面，屍檢即將開始。為尊敬死者，我鞠了個躬，然後走近攝影臺。

腹腔已打開，腔內充滿體液。

「好奇怪！」我驚呼道。「勝部醫生，是胰臟炎嗎？」

---

45 一九二三年，美國聖路易斯（St. Louis）的一位放射科醫生古斯塔夫·布凱（Gustav Bucky）發明了X光濾光板。濾光板是由交替的薄鉛條與木條組成，擺放在X光管以及接受X光的物體之間，只有跟物體垂直的X光可以通過，可大幅提升圖像的銳利度。一般X光攝影臺上面連接的「Bucky」或「Potter-Bucky」配件，很有用處也獲得廣泛運用，因此攝影臺現在往往被稱為「Bucky table」。

「我覺得不是胰臟，」勝部醫生一邊說，一邊搖頭，並且用手在腹腔內探查。

脾臟很小。肝臟是暗褐色的，有阻塞，覆滿出血的小斑點。腸胃的血管膨脹，而腸子跟肝臟一樣，黏膜下有無數的出血斑點。骼動脈[46]之間有大量帶血的體液，每次勝部醫生移動他的手，就會溢出一點體液。

這位可憐婦女的腹痛原因很明顯，很有可能就是她的死因。瘀斑不僅出現在體表上，還出現在內臟裡，看到她的胃、腸、肝、腹腔內層的明顯變化即可得知，幾乎所有內臟都出現瘀斑，瘀斑是不祥的徵象。

我們還做了進一步的觀察。儘管死亡已有一段時間，腹腔裡的血液卻沒有凝固，也許血液的凝固能力已降低，也許血小板的數量跟白血球一樣降低了。我把內心的想法告訴勝部醫生：「我認為，我們必須檢驗血小板的數量，缺乏血小板也許會導致這位女性無法凝血。」

勝部醫生也有同感。

做一次屍檢，就已獲益良多。假如早一步開始屍檢，對於患者的徵象與症狀，也許不會那麼沒把握。屍檢的重要性與必要性，我從沒像現在這樣有如此深刻的體會。

今天其餘的時間，我都在寫報告。到了晚上，我還在處理資料，釐清原爆中心的距離與白血球數量之間的關聯，把我看到的、聽到的、從微薄的紀錄當中收集到的資料，全都努力整理成簡單扼要的正式聲明。我覺得內心的想法很難表達在紙頁上，我屢屢把寫好的內容撕掉，重新寫過。等我終於寫完，已經很晚了。

我把下方的聲明呈交給溝口先生，要求他把聲明影印到大張的紙頁上，在天亮前貼在醫院與通訊局各處：

輻射病公告

廣島通訊醫院

一．閃光出現時不在城裡、原爆發生後在城裡工作的人，血球數量沒有異常。閃光來臨期間在電話局地下室的人，血球數量沒有異常。這類人員請繼續照常工作。

二．白血球數量低下的人位於轟炸中心附近，也就是以下人員：電話局的職員，電報局的職員、兩處物流部的職員。炸彈爆炸時在通訊局工作的人，白血球

46 在這些血管之間是深部骨盆隱窩，溢入腹膜腔的體液或其他物質會在此處累積。

數量是正常或稍微減少。

三・燒傷的嚴重度與白血球數量的減少，兩者似乎毫無關聯。

四・掉髮不見得會有不利的預後。

五・白血球數量低下的患者抵抗力很弱，必須小心避免受傷或勞累。

六・有傷口的患者必須竭盡全力避免感染。有感染的患者應該立刻接受治療，以免感染擴散到血流。

七・根據東京大學當局提出的報告，鈾似乎沒有任何殘餘輻射。

僅此通知。

蜂谷道彥　廣島通訊醫院院長

病床被雨淋溼，我很難入睡，晚上大部分時間都在打蚊子。

一九四五年八月二十七日

下雨，後來多雲。

二百一十日[47]即將到來，雨季應該也不遠了。窗戶沒有玻璃，建築物很快就會徹底潮溼。地板到處積了水坑，寢具潮溼發霉，蚊子與蒼蠅導致大家更為不適。

閃光降臨以來，因為傷口的緣故，我沒洗過澡。我大腿的傷口看起來還是彷彿肉被刮除了，像是拉門上面的紙。累積的汗水油脂讓我散發出可怕的臭味，每次我的手臂和膝蓋靠近我的鼻子，我就討厭起自己。

今天早上非常溼熱，我流了很多汗。早餐後，我問佐伯老太太，她能不能用熱水幫我擦澡。我們沒有肥皂，但稍微擦拭就足以去除我皮膚上黏著的大量汗垢與穢物。擦完澡以後，我覺得自己好轉許多。

---

47 在舊曆，二百一十日表示秋分將至，即將面臨颱風下雨的時節。舊曆是從二月四日開始算起，接近新曆的九月一日。

我一個人的時候，想了很多事情。這裡有著燒焦的黑色天花板、沒有油漆的牆壁、沒有玻璃的窗戶。我們那個小小的炭爐擺放在水槽下方，支撐著一只受損、焦黑的茶壺，茶壺的上面覆蓋著一個盤子，用來替代蓋子。陸軍的飯碗與茶道用的茶杯都一視同仁地堆疊在一個竹籃裡。這些東西讓人想起戰爭的憾事。

另一方面，我心想，哪裡還能找到色彩這麼繽紛的房間？我們使用的東西全都被原子彈洗禮過，所有東西不是損壞就是燒焦。我們的餐桌是一張普通、破舊的辦公桌，桌面布滿刻痕，是玻璃碎片留下的痕跡。玻璃碎片仍嵌進木頭裡，看似鑲嵌工人擺放的。好幾個裝著莓果色陸軍旗幟的箱子隨便堆在一處角落，佐伯老太太拿這些軍旗當成擦碗巾和擦地板的抹布。架子上擺放著一個保溫瓶，是溝口先生幾天前從瀨野的自宅帶來的。保溫瓶裝滿抹茶，他說維生素C對我很好。我喝了一些，想起昔日的美好。就連破損的茶杯，還有我用來攪拌抹茶的舊筷子，都無損抹茶的滋味與香氣。今天早上，抹茶的回憶還在我的腦海裡，我想起轟炸前的自宅，還有我擁有的茶杯。想起這些，不由得傷心起來。

昨天巡房時，我突然想到，我們沒有破傷風，就連傷口有穢物汙垢的患者也沒有。為什麼會這樣？破傷風的細菌被閃光殺死了嗎？還是說，一切混亂不堪時，我們忽略了破傷風？我心想，我一定要努力找出這個問題的答案。

門屋先生的腹瀉狀況並未好轉。有人認為他得了痢疾，有人主張他是大腸炎，但不管原因是什麼，他還是經常跑廁所。不過，門屋先生很有幽默感，有人拿他待在廁所的時間來說笑，而他總是笑出聲來。經歷過閃光的我們，恐怕是養成了相當無禮的幽默感。

「門屋先生，別擔心，」我這麼說著，藉此彌補我們的無禮。「你只要再忍一天腹痛和腹瀉，不吃東西，明天就會好了。」

中午過後，笹田醫生出院。他沒什麼東西要帶走，所以出院不用準備。

「鹽田先生，下一個就輪到你。」笹田醫生在辭行時如此說道。短短的一句話就讓鹽田先生開心起來。

今天，一群護理師與醫生從岡山醫學院過來，帶頭的是矢谷醫生，他是我的老同學，曾經跟我一起在稻田教授門下學習。有八位護理師和兩位學生，護理師當中有幾個是我認得的熟面孔。

我得知這群人要跟我們一起工作一星期，他們甚至把自己的顯微鏡也帶過來，這時我覺得他們彷彿是前來援助的大軍。有這麼多的幫手，正如俗話所說：「如虎添翼。」他們的到來太讓我開心，以致我疏忽了適當的問候。

世良先生、北尾先生、溝口先生確保他們得到我們所能提供的最佳膳宿，勝部醫生和其他健康的職員放棄自己的床位，搬到醫院附近的棚子裡。然而，空間還是不足以容納每一個人，我們在檢驗室和婦產科的手術室，整理出床位。

為訪客提供這樣的膳宿，也許看來不適宜，但我們已經盡力而為了。比如說，想想勝部醫生的情況吧。他睡在二樓的其中一個洗手間，躺在一張燒焦又傷痕累累的舊床上，牆上有血痕，地板散落著玻璃碎片和殘骸，金屬製百葉窗破損下垂。他搬進這種地方，沒有意見，也不抱怨。每晚，其他職員找到沒人的位置就睡下，有時睡在桌子上，有時睡在椅子上，很少連續兩個晚上都睡在同樣的位置。

連寢具的事都成了問題，我們要找到足夠的寢具給這十五位幫手才行，正為此頭痛之時，市政府帶著毯子、床單、制服過來。我心想：「否極泰來。」有毯子了，而且還有多餘的可以分出去。有兩張毯子來到我這裡，一張我綁在窗戶上面，免得雨水濺進來，另一張我拿來當地毯，放在我病床旁邊的潮溼地板上。

今天大家都很興奮，到了晚上，我才發現自己還沒巡房，而現在時間已經太晚。此外，自從有訪客以來，我還是第一次安靜下來，這時我才發現右大腿的傷口很痛。

到底是因為溼氣，還是因為我太過盡力，我無從分辨，但我知道自己該睡了。

我回到自己的病房，發現笹田醫生在這裡。

「你在這裡做什麼？」我驚呼道。「我以為你出院了！」

「他的確出院了！」鹽田先生笑出來。「你難道沒看見他開著閃亮的黑色大車離開嗎？」

「發生什麼事？」我問。

我這麼一問，笹田醫生和鹽田先生笑得前俯後仰，在他們喘氣之間，我聽懂故事了。為了氣派地載笹田醫生回家，有人弄來一輛車。在廣島郊區附近，這輛車在橋上被某個憲兵攔住，然後就被扣押起來。原來這輛車隸屬海軍，司機把它據為己有，當成計程車使用。司機被拘捕，笹田醫生被留在橋上，別無選擇，只好回到醫院。

儘管這種情況很幽默，我還是為笹田醫生的遭遇感到難過。但看見他回來，我很開心。畢竟，他是大家庭的一分子了。

今晚的蚊子沒那麼凶狠。有人找到大量樟木，放到幾個香爐裡，擺在各處燻燒。我拿到的毯子有效阻擋溼氣與雨水。我爬上床時大腿很痛，但幾分鐘就睡熟了。

半夜，我睡到一半被嚇醒。有人上樓的聲音，對方大聲說話，發出可怕的聲響。

原來是玉川醫生，廣島醫學院的病理學教授。我還沒看見他，就先認出他的聲音。他和我在岡山就讀同一所醫學院，此後就一直是好友。實際上，在「嘴巴相撲」領域，他是我的主要對手，因為我倆都喜歡聊天，很愛鬥嘴。

他快步走來，沒有停頓也沒有問候，突然對我說：「蜂谷！你知道嗎，我今天去縣府一趟，那些蠢蛋竟然厚著臉皮對我說，不准在廣島進行屍檢！那些大蠢蛋！」

「玉川先生，」我立刻插話：「你不覺得有點晚了嗎？」

玉川醫生理都不理我，放下背包繼續說：

「這政策太蠢了，竟然不准進行屍檢！你難道不覺得嗎？在這種情況下不進行屍檢，能學到什麼？喂！你一定贊成吧！」

「天哪，安靜點！」我插話，試圖讓他冷靜下來。「我當然贊成你的看法，你人在這裡，更是謝天謝地，我們最歡迎你的到來。」

很晚了，我讓他睡在我的床上。

一九四五年八月二十八日

多雲。

我昨日張貼的公告（摘述我們處理輻射病的經驗）產生成效，好幾位報社記者很早就過來醫院，針對患者、症狀、預後、未來的患者照護計畫等提問，我盡力回答。

之後，好友山下先生前來探視我。閃光出現前，他受雇於郵政省。山下先生的文學品味很好，以和歌寫作的藝術才能聞名於世。而我替通訊局發行的《廣島遞友》（*Hiroshima Teiyu*）地方雜誌撰寫多篇文章，還書寫《達摩與老虎》（*Daruma To Tora*）[48]臨床日記，山下先生不只一次提出友善的評語與建言。

48 達摩形似美國的蛋頭先生（Mr. Potato Head），只是沒有手腳。這古老的神明是毅力、耐心、韌性的寫照。達摩打坐靜觀時，四肢會萎縮。就算推倒，也總是會恢復平衡的狀態。有一次，達摩花了幾天幾夜打坐靜觀，最後睡著。醒了以後，他懊惱不已而拔掉眼皮，這樣就再也不會睡著。眼皮掉落之處，首次長出茶樹，這世界才有了毀掉睡眠的飲料。

可以想見，見到這位文學老友，我多麼開心。我準備一杯抹茶給他的時候，向他透露，我正在努力記錄自己的個人經驗，並且把人們在原爆後的遭遇都寫下來。

「這很好喝。」山下先生如此說道，微微點頭。他迅速飲了幾口茶，停下動作，細看茶杯。

山下先生很喜歡抹茶，對於茶道應有的文雅禮儀，比平日更加審慎應對。抹茶的滋味想必讓他想起一些回憶，他安靜端坐幾分鐘，才接續聊下去。

「你的日記寫得如何？」他終於開口問我。

「我身為作家會遇到的困難，你都很清楚。」我回答。「我這次也碰到同樣的困境，也許更嚴重，因為我疏於練習，很多事情干擾到我。有時，我寫的筆記是最新的內容，但很快又落後好幾天。山下先生，你現在還在寫嗎？」

「閃光出現那天以前，我都在寫日記。」他回答。「但之後就什麼都沒寫了。我兒子靖史遇害，我家毀了，在絕望與迷茫之下，我忍受著這人生。」

「你的日記，你願不願意讓我看看？」我問。「那會大有幫助，尤其是轟炸前的時刻。比如說，我很想知道牛田當時的情況。」

「我很樂意。」他親切回答。「過幾天，我會帶過來。」

山下先生離開後，我回去處理醫院事務。在岡山的團隊抵達前，我對患者有責任，現在再也不用了。之前，巡房是第一要務。不過，現在我覺得比較重要的事情是讓訪客覺得舒適，並享有我們所能提供的最佳環境，這樣才能高效率工作。我成為行政主管，把醫療工作交給訪客處理。

勝部醫生與矢谷醫生安排兩位醫學生去問病史、進行健康檢查、執行血檢或其他的實驗室檢驗。這兩位醫學生非常勤快，能力又強，一位是岡山大學畑教授的兒子，另一位是知名作家小川先生的兒子。

岡山的護理師十分合作，很樂於跟我們的護理人員一起工作，醫院再度像是一家醫院。岡山的護理師與醫生甚至穿著乾淨的白色長袍與制服，跟我那些穿著破舊骯髒衣物的員工形成強烈的對比。

玉川醫生受到眾人歡迎，但他的到來確實引發一個問題，他能在哪個地方工作？醫院裡找不到合適的地點，因為我們已經快要擠爆了，我唯一能想到的地方，就是士兵在戶外簡易廁所附近搭建的簡陋小木屋。我帶他去看，有點不安，問他這裡行不行。

「行不行？」他大聲說。「哦，很不錯啊！」

在幾位工人的協助下，玉川醫生立刻開始著手工作，把小木屋改成屍檢室和實驗室。他扯下木板製作窗戶，還製作屍檢臺與工作臺。一會兒之後，這個不起眼的構造就變成我看過最古怪的實驗室，但玉川醫生一點也不擔心，他唯一在乎的事情就是研究題材。

午餐過後，我發現香菸快沒了，就問鹽田先生能不能想想辦法。

「別擔心。」他回答：「交給我，你需要多少，我都會弄來。」

我安心下來，把剩餘的香菸發給習慣抽菸的人，包括玉川醫生在內。他的臉上露出又驚又喜的表情，他也是沒能抽很多，畢竟菸價高昂，況且如今香菸稀缺。

戰前，一包金鵄香菸要價八錢。戰爭開打後，額外加了七錢的稅，菸價大幅上升到十五錢。後來，菸價漲到二十三錢。戰爭結束前，菸價已飆漲到三十五錢。現在，香菸比金錢還要值錢，所以抽幾口菸，把菸收好，留著之後再抽，這樣做的人不是只有我一個而已。

在斷垣殘壁的廣島，金錢毫無價值，香菸取而代之，成為交易媒介。如今，在廣島，三十五錢的香菸可以賣三百錢至五百錢。

一位長相好看的年輕學生前來探視我，他說自己是森杉醫生的弟弟，森杉醫師是閃光出現後失蹤的職員。這位年輕人先前在東京念書，談吐長相皆神似他哥哥。我急切地探問消息。

「我哥在廣島家中受傷。」他難過地回答。「十七日，我收到八月十五日的信，當晚就出發回家。等我到了，全家人都死了。母親在家中被燒死，我妹妹十五日死了。我哥哥、嫂嫂還有父親逃往古市，哥哥十七日死在古市，父親十八日死去。」

「那麼你一個人了？」我問。

「是啊。」他回答。

他哥哥的書籍和物品有些還放在醫院，我把這些東西放進他的波士頓包，要他留著。這位年輕人離開前，我擁抱他，然後說：「等你念完書，就來這家醫院工作吧，跟你哥哥一樣。」

上次巡房是將近兩天前的事。森杉醫生的弟弟離開後，我趕往通訊局。我寫的輻射病公告醒目地張貼在正門入口，看見公告這麼顯眼地展示出來，我有點不好意思，但願當初能寫得更好。

病房已清潔乾淨並重新整理。

有瘀斑、口腔炎、肛門脫垂的患者大呑先生狀況惡化，臉部腫脹，耳後有小傷口，之前癒合，現在又流血了。死亡迫在眉睫。

嚴重燒傷的美人還在撐著，仍未出現掉髮或瘀斑。她附近的人已盡力照顧她。

上次巡房後，幾位新患者住了進來。他們有瘀斑，但目前沒有一位是重症。

我從通訊局巡到醫院，巡房結束。過去兩天，患者人數突然減少，但總人數幾乎沒變，這是因為家庭戶數的緣故。家人與親屬仍然住在醫院，而當中的安井與粟谷兩家人，我已熟識多年。

我正要離開病房時，發現有一種情況會讓我氣餒不已。長堂醫生十三日死於燒傷後，他的妻子和嬰孩就一直住在醫院。長堂太太毫無受傷或生病的徵象，一直到今天早上，她看起來都還很好，現在她竟然躺在病床上，我十分訝異。

「這位媽媽，您怎麼了？」我提問，暫且在她的病床留步。

不知是沖繩腔還是九州腔，我分不清兩者的差別，總之她含糊說了些話，導致她呼吸急促和心悸。

「你會沒事的。」我試著安撫她：「為了小寶寶，一定要堅強起來。」

我馬上知道自己說錯了話，因為我一提到「寶寶」兩個字，她轉向自己胸口、那顆還在睡的小腦袋，開始輕聲哭泣。

想到這位可憐婦女的遭遇，看到她哭泣，觸動了我的心弦。萬一她出事，誰會照顧她的小寶寶？為了隱藏我內心的恐懼，我只好走開，努力裝出一副開心的模樣。然而，她胸口出現深色斑點，這背後代表的不祥意義，沒人瞞得住她。

玉川醫生爽朗隨和，病房與餐廳的氣氛為之一亮。他本性開朗樂觀，能讓旁人的心情都好起來，連餐桌上的食物，也似乎變得格外可口。他有時會溫和斥責我們，說我們不該那麼鋪張浪費。

晚餐後，他帶頭閒聊，對我們說起他在岡山被轟炸後碰到哪些困難。他對自己吃的苦頭輕描淡寫，拿他遇到的麻煩來說笑，這些都有助於恢復我們的幽默感。他說起發生在他身上的趣事，大家很快都笑出聲來。他說的很多故事，我都非常熟悉，但其他人沒聽過。我沒發表意見，但我很確定，要是我開始跟他鬥嘴，我倆聽起來就會像是一對滑稽的舞者。我的朋友很快就忘了玉川醫生是教授，毫無保留接納了他。

妻子今晚狀況不佳，體溫燒到三十八點五度，主訴呼吸急促。賀戶小姐拿來聽診器，我聽著妻子的胸口，努力裝出不擔心的樣子。

「聽起來像是你又小感冒了，昨天看見你跟賀戶小姐在同一張床上小睡，就應該想到的。」

我聽著她的胸口，聽到右肺底部後側出現囉音，叩診輕敲同一塊區域，有濁音。

在我看來，這些徵象只可能代表她有雙球菌性肺炎。我趕緊去找總藥師檜井醫生，問他能不能給我 trionone，這是一種磺胺類藥物。

他告訴我，我們有充足的供給量，我鬆了一大口氣。

我回到病房，請賀戶小姐把我的妻子轉到矢谷醫生那裡，這樣她就能避開風雨。

我應該更注意她咳嗽有痰的狀況，但她說不會痛，使我輕忽了肺炎早期症狀。不曉得一個人經歷了閃光之後，還能活過肺炎嗎？我為什麼不更仔細照顧她呢？要是妻子出事，我怎麼面對自己和家人？

經過安排，八重子每天注射一劑葡萄糖和 trionone。

一九四五年八月二十九日

多雲時晴。

我擔心妻子，晚上沒睡好。持續不斷的雨水帶來溼氣，清晨也捎來近秋的涼意，為什麼我沒注意到呢？假如她沒著涼、沒淋溼，就不會得到肺炎了。

我應該也要考慮到其他患者，因為他們都處於同樣的困境，沒有一個人的狀況抵擋得了肺炎的突襲。我們的確把溫暖的海軍制服給了女性患者，比較輕薄的卡其色陸軍衣服給了男性患者，但這樣做還不夠，我一定要為大家弄到更多毯子才行。

我想到了其他的救濟物資，先前有一批軍靴已送來醫院，我們分發給男性患者，大家似乎都很滿意。但女性患者因為沒領到，抱怨不斷。最後我答應，下一批鞋子會發給她們。無論根據是什麼，人是何等貪心又渴望平等。女性患者心裡明白軍靴不合腳，向她們指出這一點，她們卻反駁說，想領軍靴給丈夫和小孩，或者當成禮物拿回家。這種態度讓我啞口無言，因為病床、飲食、治療都不收錢，分發衣物也都是一視同仁分發。但這樣還不夠，女人想跟男人一樣領到軍靴。

今晨，老天彷彿回應我的默禱，一大批軍方物資送達。我很高興，裡頭有蚊帳和毯子，還有鞋子，拖鞋和皮鞋都有。我確保鞋子分發給女性。

毯子不夠每個人用，於是我要求對方提供毯子給醫院，分發給患者。

約莫中午時分，有傳聞說，九月初要在東京灣的密蘇里號（Missouri）戰艦上，簽訂無條件投降條款。

「首相和內閣會出席嗎？」我問：「還是說，天皇會一個人出席？」

「萬一天皇被俘虜該怎麼辦！」有人大聲說。

「不要說這麼可怕的事！」佐伯老太太回嘴道。「天皇陛下沒有做錯事。」

「聽說他會被帶到琉球監禁。」有人表示。

佐伯老太太一隻手撐著臉頰，一根手指如往常那樣放在僅剩的那顆門牙上，傷心地低聲說：「他們會把他帶走，就像他們以前那樣。」

我聽著大家討論，心想不可能。然而，真的不可能嗎？只要回顧歷史就找得到類似的例子——拿破崙最後的時日是待在聖赫勒拿島（Saint Helena），獨裁者戰敗後遭到放逐，不得回鄉。我們只能等著看了，在戰敗國身上，什麼事都可能發生。

我祈禱天皇能夠倖免，不要在戰艦上被抓走，否則就完了！

為了不讓腦子充滿陰鬱的思緒，為了把我對妻子的擔憂暫且拋在腦後，我前去巡房。患者領到新物資都很開心，女性尤其開心，因為現在她們跟男人一樣都有鞋子了，有幾位甚至向我鞠躬感謝。

我沒心情領受她們的謝意，遑論她們的快樂，我唐突又輕蔑地說：「那些東西是市政府發給你們的，不用感謝我，要感謝就感謝市政府！」

重症患者的人數增加中。他們全都出現一個共同的徵象——瘀斑。大吞先生在鼻子和肛門大量出血後死亡。

兩天前住院的西井小姐死亡，她的最後一刻是痛苦的窒息。

我快巡完房了，此時才突然發現我還沒去看長堂太太。我得知她已死亡，嚇了一大跳，不敢置信。今天早上我在走廊上還看到她，她的寶寶該怎麼辦？

玉川醫生已經在工作了。我慢慢走向屍檢室，幾乎沒注意到我每踩一步就驚起成千上萬隻蒼蠅。玉川醫生忙著投入嚴肅的工作，來自岡山的醫學生小川先生在旁邊協助並寫筆記。我站了好一會兒，看著玉川醫生敏捷又有技巧地工作，也許他能找出患者的死因，如果他做得到的話，我們也許能學會怎麼挽救患者的性命。

「玉川先生，你的技術很好。」我終於開口說。

「沒什麼。」他如此回答，沒有停下手邊的工作。我想要比較屍檢結果與臨床症狀，於是返回醫院，研讀現在接受屍檢的患者的圖表。小林小姐死亡時，腹腔大量出血，大呑先生則是鼻子和直腸大量出血，出血是否也導致長堂太太突然死亡與西井小姐的死亡？若是如此，為什麼會發生？

西井小姐的病例摘述如下：

西井，女性，十六歲。一九四五年八月二十八日首次就診，主訴全身倦怠、瘀斑、無法入睡。轟炸時，患者在中央電話局二樓，這棟混凝土建築物距離原爆中心五百公尺。立即出現頭暈、全身虛弱的症狀，反覆嘔吐。接下來三天，反胃與全身倦怠。胃口逐漸恢復，但未完全康復。患者儘管腹瀉、稍微虛弱，仍回到職場，做些輕度勞動的工作。一九四五年八月二十三日，嚴重掉髮，此後全身倦怠的狀況逐漸加劇。八月二十七日晚上，腹痛及躁動不安，首次發現瘀斑。

檢驗：中等身材，營養不良，皮膚極其蒼白，黑棕色，乾燥。胸口與四肢出現無數瘀斑，臉部表情極其痛苦，眼皮內側顯示嚴重貧血，口腔正常，胸口聽到的呼吸聲微弱，背部叩診聽到左右肺部區域有濁音，肺動脈第二心音突出，脈搏微弱快速，一分鐘一百三十下，呼吸次數為三十六，體溫四十度，便秘。

一九四五年八月二十九日死亡，主訴嚴重呼吸急促。

過去兩三天內死亡的患者，全都具有一項特徵：炸彈爆炸時，距離原爆中心不到一千公尺。因此我明白了，距離原爆中心愈近，死亡機率愈高。

我急著想看看長堂太太、西井小姐、大呑先生三人的屍檢報告，於是傍晚時分返回屍檢室，想看看玉川醫生知道什麼。他能透露的很少，因為在最佳情況下，至少要好幾天才能完成調查，玉川醫生也不例外。沒有電燈的情況下，甚至需要更久的時間。

為了讓他晚上也能工作，我把醫院裡每一根可以用的蠟燭都徹底搜刮過來，還去問事務長世良先生，能不能幫忙弄到電燈。（我看到河對岸的饒津與牛田地區已經有些電燈開始亮了。）

八重子的大致狀況不變。低掛式蚊帳掛在她的病床上方，不僅可以擋風，還能當成氧氣帳使用。在搖曳的燭光下，我幫她注射葡萄糖和 trionone。她鬧了脾氣，此後我決定請賀戶小姐注射，這樣對我們夫妻倆都好。醫生治療家人，永遠做不好。

晚餐後，笹田醫生、鹽田先生、我坐在桌旁，心情沉悶。今天的死亡讓我們全都沮喪不已，長堂太太的死亡帶來的陰影尤其嚴重。她在走廊上的身影，仍鮮明印在我們的腦海之中。

「她的小寶寶該怎麼辦？」我半是對自己說，半是大聲說出口。

「你沒聽說嗎？」鹽田先生如此問，他轉向我。「那位牙醫的妻子藤井太太，她要收養寶寶。」

我忘了還有藤井太太，鹽田先生說的話讓我稍微放鬆一點。收養一事對寶寶和藤井太太都有好處，因為這位可憐的太太失去寶寶。她的寶寶在閃光出現後不久才出生卻死去，而她的長女死於燒傷。

深夜，我再度被玉川醫生干擾。他結束工作、上樓、上床，一如往常般吵鬧。

「蜂谷，我需要更多的樣本瓶。」他唐突地說。「今天晚上又有人死了。」

我答應他，我會盡力而為。

一九四五年八月三十日

多雲短暫雨。

長堂太太的遺體在夜裡火化。似乎要下雨了，所以我提早出去撿骨。按習俗要用骨灰罈，但目前辦不到。我在藥局找出一只空紙箱，然後分別從頭、臉、胸、四肢各選出一根遺骨，整齊擺放在紙箱裡，在蓋子上寫了她的名字，再拿到事務部的祭壇。

接著，我幫玉川醫生設法找出幾個樣本罐。記得通訊局入口附近堆了一些舊電池，於是去那裡拿走大約十顆，只要去除電極，洗掉殘留的硫酸，就是很好的容器。然後，我打劫藥劑科，把藥師能讓出的每一個空瓶都搜刮走。同時，玉川醫生搜尋廢墟，找到幾個破損的火缽，大到足以容納三、四位患者的樣本。

我覺得這是個好時機，可以詢問昨日的屍檢結果，所以就問玉川醫生，願不願意讓我看看他的筆記。

「最好等到我有機會研究五、六個病例再說。」他以偉大學者的神態，深思熟慮幾分鐘，然後才回答我，再怎麼奉承也無法讓他大發慈悲。

我的大腿痛了好幾天。我的臉上、肩上、背後的傷口已經痊癒，沒有問題。大腿的傷口雖是正在痊癒中，卻日益疼痛起來。我深信問題出在潮溼的天氣，但我也很清楚，走動會導致狀況惡化。今天早上稍微操勞一下就痛得要命，於是我決定回到病床，但又不想一直閒著，就傳了個口信問勝部醫生，我在努力讓大腿休息時，能否協助做血檢？

勝部醫生回覆說，很感謝我的協助，派信差把一些染色的血液抹片和醫院裡兩臺顯微鏡的其中一臺帶來給我。我把顯微鏡放在窗前的桌子上，然後開始工作。

原本以為坐在床上看顯微鏡會很輕鬆，但我很快就改變想法了。上次使用顯微鏡已經是很久以前的事，不到幾分鐘，眼前的東西就閃爍起來，而且愈來愈難專注，遑論把我正在看的東西給看進去，花了三個小時才檢驗三個抹片。

這三個抹片都來自重症患者，而我找到的白血球不超過七十至八十個，這些白血球好像沒有異常。紅血球乍看好像正常，但看清楚以後，我發現有證據顯示紅血球大小不均、形狀不一、多染性、有嗜鹹性斑點[49]。我找不到有核的紅血球細胞。原本就預期白血球數量低下，但直到現在才意識到紅血球細胞也出現變異。我只能得出結論，整個造血系統[50]都牽涉在內。

每次看顯微鏡，只覺得愈來愈難辨認細胞。我的眼皮顫抖，只好往窗外凝視，直到顫抖停歇為止。我的注意力渙散，某個人聲或火車鳴笛聲就會讓我分心。我像個討厭讀書、無所事事、喜歡遊戲的男生，沒辦法定下心來穩定工作。我的腦袋反覆漂往我身邊的干擾物。有人經過，我就找藉口跟他聊天。

不久，我失去耐心，只好走開，任由顯微鏡擺在桌上。好煩！明明看得很清楚，卻無從辨別。我試圖怪罪眼睛，但犯錯的是我的腦袋，在智性上實在懶散得太久。

我試過責罵自己，竟然把顯微鏡留在身邊，交給別人明明可以有效運用，但這樣自責毫無助益。我再度蒙受思緒紊亂之害，閃光降臨那天以來，這症狀就一直折磨著我。我專注靜觀，開始害怕五感拋下了我。轟炸那天，我只有在傷口縫合時才感受到疼痛。來到醫院的訪客都抱怨整個地方聞起來很可怕，我很驚訝，因為我根本聞不到討厭的氣味。我的美感變得遲鈍，因為我不在意周遭的穢物與汙垢，甚至不在意蒼蠅

---

49 未成熟或異常成長的證據。

50 造血系統指的是以下的身體部位：骨髓、脾臟、淋巴組織、肝臟，這些是血液細胞形成的地方。

蚊子，但在平常的日子，蒼蠅蚊子只會惹得我很煩。我的味覺遲鈍了一陣子，但好像恢復了。我的耳朵也康復了，能輕易理解別人對我說的話，有時還可說是太過敏感。也許是第六感讓我繼續正常生活，而其他的感官（比如視覺辨別能力）則是令我失望。

傍晚，溝口先生進來，一臉煩惱的樣子。

「溝口先生，怎麼了？」我如此問道，欣然抓住這個機會，好逃離顯微鏡和內心的紛亂思緒。

「醫生，沒有用。」他一邊回答，一邊疲倦地坐下來。「要是可以弄到汽車就好了。對於郵局與西部總局員工那些無家可歸的家庭，我們也許有義務收容。對於他們的需求，也應該秉持對待自家員工般的體貼態度努力滿足。」

「嗯，這些人雖然樂於接受我們的款待，但你覺得他們會讓我這個物資供應主任的工作更輕鬆一點嗎？才不！比如說，停在通訊局入口的那些車子，你看到了吧，大部分是其他部門的公務車，少數幾輛是可供出租的私家車。我一再要求使用公務車運輸物資，儘管我們已經提供他們庇護和補給，但每次我還是得答應把每批貨的一成送給他們作為交換，有時我甚至還得額外再給他們一些酒、紗布和棉製品。」

「我跟你說，那些人根本是流氓，要不是逼不得已，世良先生和我才不會跟他們扯上任何關係。可以的話，我們會使用私家車，但那些可憐的傢伙連弄到汽油都有困難，我們不能靠他們。同時，那些貯存在市郊的軍用物資不是被雨淋壞，就是進了無恥投機商的口袋。」

我心想，這畫面多麼可悲，這行為何等醜陋，已被戰敗一事壓垮的民眾又多了一件沉重的負擔。冷血與貪婪主宰著廣島市，此時此刻更需要無私與良好的教養。在這座被汙穢和腐敗淹沒的城市中，我們只能盼望有一位清廉誠實的領袖帶來重生。

我想起一句古老諺語：「清水無大魚。」我們全都是小魚，住在歷經明治、大正、昭和[51]的清水裡。也許我們的歷史之水已變得汙濁，所以會長出大魚，而一段時間過後，偉大的人物就會現身。

我的哲學想法可能幫不了溝口先生解決他眼前困難的現實問題，卻能讓我獲得一點慰藉。

晚餐後，有傳聞說，電線掛起來了，再過幾天就有電了，大家一陣興奮。有人發

---

51 明治時代名稱來自明治天皇，始於一八六八年的明治維新，代表著封建制度的結束、皇家威嚴的復興、義務教育的開端、對西方文明的日益關注。大正時代始於一九一二年，直至一九二六年為止，接任的裕仁天皇以昭和的年號登基。

現兩條黃色電線沿著八丁堀一路掛往醫院的方向，所以才有了這個傳聞。這些電線原來是陸軍的電話線。

半夜，玉川醫生打擾我睡覺，說他在解剖的屍體的各個器官裡都找到病變。

一九四五年八月三十一日

早上下雨，後來大致晴朗，偶爾有雲。

我今天早上的第一個動作就是前往屋頂露臺，朝向東方，低頭為天皇祈禱。之所以這麼做，是因為晚上做了個夢，沒睡好。

我好像在一大群人當中，大家要看天皇登上停泊在東京灣的美國密蘇里號戰艦。天皇由美國格魯大使（Ambassador Joseph Grew）護送到軍官室，戰艦人員開始起錨。場景變換，戰艦不在東京灣，而是在廣島淺野泉邸對面的太田川。陡峭的河岸上面，是成千上萬的原子彈受害者，起錨時，他們開始大吼大叫，跳進河裡。有些人懇求天皇留在家鄉，有些人瘋狂游向戰艦，試圖阻止起錨。

就在此時，我突然嚇醒，汗水溼透全身。睡覺時，我的潛意識還在冷酷地工作，把我聽過的淺野泉邸倖存者的故事片段，還有偶然聽到的投降一事的對話片段，全都拼湊在一起。好久沒想起格魯大使這個人，對很多日本人來說，他代表的是最初設法避戰的一群人。

今日的潮溼與陰沉天色不亞於過去幾天，但我的大腿有所好轉，可能是因為昨日的活動量沒那麼大。

我前往門診部，發現患者在排隊接受血檢。鼻岡醫生與醫學生都在忙著檢驗血液抹片。在桌上，我注意到一個試劑瓶標上「血小板檢驗」。[52]

「你在計算血小板的數量。」我說。

「對，」鼻岡醫生回答。「我們在做，但很多載玻片完全沒有血小板，根本沒有東西可以計算。」

「勝部醫生那邊的情況呢？」我問。

「他也碰到同樣的問題。」鼻岡醫生回答。「我們檢驗的患者幾乎都沒有血小板，或者數量極低。」

鼻岡醫生的評論讓人想起屍檢案例，血液無法凝結，可能是血小板數量減少所致。我等不及要把內心的猜想告訴玉川醫生。

「是這樣嗎！」玉川醫生大聲說。「啊！這樣一切就說得通了。對，沒錯！所以就算是七小時過後，血液還是沒有凝結！」

玉川醫生的陰鬱表情一掃而空，滔滔不絕聊了起來，跟先前唐突又拘謹的行為形成對比，彷彿我的評論讓他有了一把鑰匙可以解開謎團。

他暫時停下動作，讓我看看他取出的患者器官顯現的瘀斑，然後說，血小板數量減少會導致瘀斑出現。他處理的個案，還有勝部醫生解剖的個案，全都有同樣的病變。臨床症狀上的差異可能歸因於不同器官受影響的程度。至於顯微鏡下已取出的組織切片，不用看也會明白，死亡的主因是血小板數量減少，其次是多重的內出血。

二十六日死亡的小林小姐，腹痛且呼吸困難，腹腔內與腹腔後方的瘀斑嚴重出血。二十九日死亡的長堂太太，心壁出血，神經脈衝的發源處出血最為嚴重。同樣二十九日死亡的西井，嚴重呼吸急促，經屍檢後發現，胸腔與腹腔大量出血，同樣有瘀斑。大呑先生流血致死，鼻子與直腸出血。三十日在譫妄下死亡的坂西先生，胸腔大量出血，左右肺皆受損，所有內臟都出現瘀斑，而在家屬的堅持下，我們無法取出他的大腦，只能推測他的大腦也出血。

---

52 在複雜的凝血控制機制下，直徑 1.0 至 2.5 微米、淺灰色的球形或卵形血小板，具有重要至極的作用。每立方公分的血液，通常約有三十萬個血小板。如果造血器官受到輻射傷害，血小板的數量會減少或消失，結果導致組織出血。

出血是所有病例的死因。瘀斑（即出血在體表的表現）的範圍與嚴重度，其實跟內臟的出血程度毫無關聯。各個器官內的出血範圍也各不相同，可能一個器官出血嚴重，另一個器官卻沒有出血。沒有一個器官的出血傾向高過於另一個器官，唯有肝臟與脾臟始終出現病變，每一個病例的肝臟與脾臟都小於正常尺寸，尤其是脾臟。

迄今，我們認為白血球數量低下是疾病的特徵，但這顯然只是某個跟血小板有關的疾病的其中一項特性。缺乏血小板會導致出血，出血是死亡的直接原因。

我們沒注意到血小板，是因為血小板比白血球更難計算。我們現在知道，白血球、血小板甚至是紅血球，所有的造血器官都牽扯在內，因為我們檢驗的時候，看到很多異常的形狀。這些病變有可能是伴隨著出血導致的貧血而來，所以我們無法充分確定原因。在我看來，掉髮是髮根的營養失調。輻射病的病理形態開始合理起來。

身邊傳來的斥責聲把我帶回現實世界，是佐伯老太太。

「醫生，你出了什麼事？」她責備道。「你把午餐完全忘了，知道嗎？現在都四點了，不可以這樣虐待自己，也不能靠香菸過活！這樣虐待自己太亂來了，對你的身體不好。」

「婆婆，」我輕聲回答：「我們以前感到不解的那些事，現在了解其中一些了。」

「是嗎？」她回嘴。「那你現在能把病給治好嗎？」

她忙著打理我的午餐時，眼睛睜得又大又圓。

後來，我請佐伯老太太煮開水，拿出我的茶具，這樣我就能為病房裡的每一個人沖泡抹茶。他們今天好像都有所好轉，笹田醫生與鹽田先生的狀況不錯，門屋先生的腹瀉停止了，薄田太太與山小姐沒有惡化，我的妻子也沒再發燒了，她的狀況大致有所好轉。

玉川醫生一直說故事，逗得我們一直笑到深夜。

一九四五年九月一日

下雨，烏雲密布。

夜裡不知何時，雨水浸溼我的床，但我睡得很熟，渾然不覺，直到今晨醒了才發現，結果我出現典型的感冒症狀。

我醒來時，正好傾盆大雨，沒辦法像平常那樣去我的私人廁所，不適感逐漸加劇。我等了很久，希望雨勢變小，最後不得不借傘，去了醫院後門外院子的廁所。我沒用這間廁所有些時日了，所以眼前極度骯髒的景象把我嚇一大跳。這地方很難稱作是廁所，就只是在地上挖出一長條坑洞，再把幾塊不牢固的木板丟上去。坑洞裡半滿，有未消化的糞便，從帳簿、醫學期刊撕下的紙張碎片，甚至是克隆佩（Krumpel）《診斷學》的幾張紙頁，而且地表排水的髒水還會伴隨大雨而來。一隻小青蛙坐在角落的一塊草蓆上，更顯得這地方汙穢至極。小青蛙抬頭望著我，被幾滴尿濺到的它抹著臉，好像在抗議似的。

我無法忍受這裡的狀況，於是決心追究下去，不然痢疾有可能會大規模流行。至於為何還沒爆發，這超乎我能理解的範圍。

早餐過後，我去了事務部，儘管疼痛與咳嗽的狀況加劇，我還是向世良先生與北尾先生提起這件事。

「戶外廁所一定要處理才行，」我說：「不然醫院會爆發感染。我們要擔心的事情已經夠多了，可別再爆發痢疾疫情。」

世良先生嘆氣，點頭表示贊同並回答：「醫生，我們一直在擔心這件事，也努力請通訊局處理。他們答應要興建適當的廁所，我們天天都希望他們會著手進行。」

「難道不能把石灰撒在那地方的周圍，再把消毒水倒進洞裡？」我問。「只要能消毒那裡，蒼蠅不要大幅增加就好。」

「醫生，真希望我們做得到。」北尾先生一臉憂慮地回答。「可是我們沒有那些東西，也弄不到。」

這些可憐的男人顯然已經盡力而為，提起這件事讓他們覺得不好意思，我很抱歉。沒有人比這些盡責的事務部人員更誠懇、勤奮地工作。

我不是很想活動，於是拉出一個箱子，坐了下來。

「大致的情況怎麼樣？」我問。

「很好。」世良先生回答。「高見小姐和山本先生回來工作了。兩個人都受傷。你聽到這件事會很開心，我們弄到兩捆電線，電工跟我們說，他們希望在今天結束前幫我們裝上一些電燈。」

這是好消息，又有電燈了，太好了。

我們聊了一會兒。我離開前，有消息說，東京帝國大學外科部的都築醫生九月三日會南下，討論輻射傷害相關問題。

今晨，專業人員的人數增加，有兩位廣島醫生前來提供醫療服務。一位是永山醫生，他在附近的白島中町執業；另一位是板岡醫生，他在廣島市的主要區域有辦公室。兩人都五十出頭，都燒傷，現在正在康復中。我們歡迎他們提供醫療服務，設法讓兩人有賓至如歸的感覺。

午餐時，我不想吃飯，就回到病床，喝一杯抹茶。抹茶那令人愉悅的苦味、溫暖、刺激的效果，大大改善了我的心情。

今天下午，大阪醫學會的一位醫療代表前來探視我。他自稱堀江醫生，對於廣島受到的損害感到震驚不已，還對我說，損害範圍遠大於大阪發布的官方報告。他哀悼這次的災難，隨後問我能不能說明如何應對如此大規模的緊急醫療情況。

「你應該知道，」我回答：「閃光那天，廣島一百九十位醫生有七十二位遇害或失蹤，從這裡就能推論出廣島的醫療狀況。我只能說明我們醫院的情況。」

「在這裡，有些專業人員和通訊局員工的傷勢相當輕，假如不是他們勇敢又努力，我們不可能活得下來。他們獨自處理大量湧入的患者，而火災橫掃醫院和通訊局，使他們的工作變得更加困難。」

「炸彈墜落的時候，醫院裡的患者呢？」堀江醫生問。

「沒有患者，」我回答：「因為六月的第一個星期，我們要求全部的住院患者出院或轉院，前往更安全的地方。」

「為什麼你會請患者離開？」他問。

「因為我很在意患者的安全，我希望災難發生時，醫院有餘裕處理緊急情況。」我回答。

「這難道不是英雄般的舉措嗎？」堀江醫生問。「你的理由是什麼？」

「也許我的理由不夠充分，」我回答：「不過，當通訊局隔壁的青年軍校搬到山丘上，陸軍開始從廣島市南部的倉庫取出庫存品時，我不由得起了疑心。此外，每次防空警報響起，士兵就會出發離開，而少數留在軍營的士兵並未做好行動準備。還能得出什麼結論呢？如果到時遭受敵軍攻擊，軍方會決定放棄廣島吧。還有一件事，日本各大城市遭受嚴重轟炸，報紙卻老是說輕微受損，這樣的欺瞞反倒讓我更加擔憂自己所在的城市。」

「此外，這間醫院的所在位置極為脆弱，因為這裡四周幾乎都是軍事設施。敵軍攻擊時，我們可能很容易會被誤認為是指揮部，成為主要目標。我很久以前就得出結論，我們沒有堅不可摧的防禦措施可以抵擋空襲。你不覺得這些理由足以證明我的行動很有道理？我甚至叫門診患者離開廣島市，如果辦得到的話。轟炸發生時，醫院空蕩蕩的，只有民防分隊把二樓當成宿舍使用。」

我一邊說，堀江醫生一邊點頭表示同意。

「你臉上的傷口是？」他問了之後，突然抬頭，彷彿是在暗示他急於聆聽發生在我身上的事。

「我在我家的客廳休息，」我回答：「因為凌晨四點以前，我都在醫院的防空崗位值勤。你現在看不到我的家，因為它被毀了，但炸彈墜落的時候，我是在那裡沒錯。我不只臉部受傷，身體和四肢也都受傷了。」

我一邊講話，一邊拉起衣物，讓堀江醫生看看我其他的傷口。

「你活了下來，簡直奇蹟！」他大聲說。

「我大腿上的這個傷口最嚴重，」我繼續說：「這塊肉簡直是從我的身體被奪走。其他的傷口是玻璃碎片和黑色漆器碎片造成的，這些碎片後來出現在膿液裡。」

「不可思議！好不可思議！」堀江醫生回答，此時他的目光移往燒焦的牆壁、扭曲的窗框、焦黑及彎曲的鐵床。

「唯一能挽救這棟建築的東西就是混凝土牆壁。」他若有所思地說。「今後的建築都一定要用鋼筋混凝土。唯有這種建築物，才可能讓人在災難中倖存。」

我跟堀江醫生聊得很愉快，他是個文靜的聰明人，也是個富有同情心的聆聽者，他的造訪為我帶來正面的影響。

傍晚，我開始巡房。在X光部以及清潔員工作室之間的走廊上，我碰到北尾先生、山崎先生、幾位護理師，他們正在跟可憐的長堂太太的小寶寶玩。我得知他們要把寶寶帶到宇品[53]的托兒所，因為收養寶寶的藤井太太沒有充分的乳汁可以餵她。山崎先

53 宇品是廣島東南方的郊區，距離原爆中心四千公尺。宇品俯瞰廣島灣，是廣島的港區。在西南太平洋打仗的部隊多半在此登船，並在碼頭附近的「凱旋廳」大禮堂進行送行說明。

生在他腳踏車的後面裝設一個小箱子，他要把寶寶放在箱子裡，帶到托兒所。

我控制不了自己，突然淚流滿面。小寶寶的父母都痛苦死去，而小寶寶的母親死去以後，我對此耿耿於懷，如今得知她會在充滿愛的家庭裡獲得關愛與照顧，我終於鬆了一大口氣。

晚餐後，我們圍坐在桌旁，閒聊打發時間。「天皇流放到琉球」的謠言是主要的話題，後來我的同伴陸續離席，上床睡覺，最後只剩下我一人獨自待在餐廳。

沒人可以聊，我很快就上床睡覺，卻睡不著，因為床還是很潮溼。此外，長堂太太的寶寶一直縈繞在我的心頭不去，想到她就想到轟炸造成的其他孤兒。有個八歲女孩，她現在唯一的家就是醫院，因為她唯一的親人祖母已死去。有個十三歲的男孩和他八歲的妹妹來醫院找父母，後來找到母親和哥哥，但母親和哥哥都雙雙死去，獨留這兩個小孩在世間。溝口先生算是收養了他們。兩位孩子引人注目、有禮貌又聰明，醫院的人都很喜歡他們。我的思緒遊蕩到我兒子和我母親身上，我母親負責照顧我兒子。我覺得寂寞又傷心。

直到深夜我才入睡。

一九四五年九月二日

濛濛細雨。

今晨，醫院非常安靜，我躺在床上許久，茫然凝視著細雨在破窗留下的圖案。佐伯老太太終於進來打斷我的恍惚狀態：

「醫生，你怎麼了？早餐都好了，你還在這裡懶散地躺在床上！」

我打呵欠，伸展身體，起身，跟著佐伯老太太走進餐廳。我試著進食，但稱不上美味。我沖泡一杯抹茶，也不好喝。沒有一樣味道好，而我試著吃進的東西好像弄得胃很不舒服。我吞了一些胃藥，試著回到病房，坐了下來。我的鼻子塞住了，腦袋昏沉，感冒現在一定是全面爆發。但就算得了感冒，還是太過焦躁，坐不住，於是決定去通訊局一趟。通訊局的氣氛跟醫院一樣安靜，問起安靜的原因，才曉得今天是星期天。迄今，什麼樣的日子都毫無意義。閃光降臨以來，今天星期幾這件事還是第一次進入我的意識。然而，從現在開始，星期天會是職員的休息日，但我不確定自己喜不喜歡。我已習慣了吵雜與混亂，這突如其來的寧靜氣氛使我鬱悶不已。

總務課長潮先生獨自坐在他自己的辦公室，跟一個月前的外表相比，他變得老邁憔悴，他的辦公室也是如此。閃光出現前，這間辦公室令人愉快、有吸引力又舒適宜人，但現在的它燒焦又傷痕累累，牆壁覆滿煤灰，像是廉價公寓裡的廚房。累壞的老人坐在燒壞的舊房間裡。

儘管有這些想法，我還是努力裝出開心的樣子，稱讚潮先生說，他的狀況看起來好很多，而且他的辦公室不像通訊局的其他地方那樣嚴重損壞，運氣很好。

「我運氣很好。」他回答。「最起碼我能有一張乾爽的床，因為你也知道，靠著對面的牆壁放，雨水就不會打到我。你怎麼不搬過來跟我一起住？你來的話，我會很開心。」

我謝過他，說雨要是短時間內不停的話，我也許會接受他的邀請。我們聊了一會兒，然後我返回醫院。半路上，我看見小男生正在罵小女生，想必是他的妹妹吧，他的玩具槍被她弄掉，進了泥濘的水坑。

「你是笨蛋！」他罵道。「你這大笨蛋！把手槍還給我！」

「不要吵架。」我勸告。男生抬頭望向我，抓抓他的腦袋。

「她把我的手槍弄掉了！」他戒備地說，彷彿要把自己粗魯的行為給合理化。小男生繞著醫院離開，小女生跟在後面。一會兒之後，小男生再度出現，撿起玩具槍，假裝朝著我開槍。接著，他瞄準妹妹，假裝朝她開槍。這個動作嚇到妹妹，於是他繼續假裝開槍，最後她怕得逃走了。

在餐廳裡，我看見玉川醫生在寫筆記。他從眼鏡上方望向我，然後說：「明天是我的生日，也是都築醫生發表演講的日子。」

他沒多說什麼，繼續寫筆記，彷彿暗示著這兩句重要聲明不需要進一步說明。我不想打擾玉川醫生，就回到自己的病房。笹田醫生與鹽田先生在聊天氣。溝口先生在瀨野找到一間宿舍可以給笹田醫生住，他打算等雨勢小了就離開。鹽田先生也準備要走。我開始希望自己也離開，但既然我的崗位是在醫院，只好斷了這個念頭。

一九四五年九月三日

濛濛細雨。

雨勢沒有轉小的跡象，醫院氣氛因此愁雲慘霧起來。未停歇的豪雨把一切都淋得潮溼，我們冷到骨頭裡。牆壁上的水滴晶瑩發亮，我們的衣物和寢具都發霉了，每一件東西都散發著霉臭味。昨日，井町先生與山崎先生在廚房入口附近，專為醫院職員打造了浴池。材料是一個老舊的金屬浴缸、一些岩石、幾片鋅板，不怎麼樣，但只要能弄到充足的乾木頭點燃，就能洗熱水澡，舒適度與士氣會因此大幅提升。我們當中有很多人自從閃光出現後就沒泡過澡。要是能把自己弄乾淨，天天都期待著開心泡個溫水澡，那麼下雨就不那麼糟了。

今晨去完廁所回來，我停在遮簷底下，往外望著眼前被雨水浸溼的地面。我看見一隻消瘦憂傷的狗往通訊局與醫院柵欄之間走了過去，嘴裡咬著東西，等牠走得更近，我才發現那是小片的蔬菜。牠想必是在廚房附近的垃圾場找到的。我心想，多麼可憐的畫面，竟然看見狗不得不吃起蔬菜。這隻可憐的狗天生吃肉，現在為了活下來，不得不吃起蔬菜。牠大部分的毛都不見了，所以我猜牠也受到輻射傷害。不知何故，這隻狗很具有象徵性。站在醫院的入口處，眼前的畫面何等悲慘。柳樹下，用草蓆搭的廁所；陰暗又哭泣的天空；被毀的軍營和倉庫；外形骯髒的狗費力前進，牠臀部下彎，尾巴朝下，毛髮消失。

雖然吃早餐有點早，我還是去了餐廳，順利妨礙佐伯老太太。

「婆婆，你擁有的一切不是燒焦就是烤焦。」我一邊說，一邊看她準備早餐。「你那把刀切得動嗎？」

「醫生，這把是切肉刀。」她一邊解釋，一邊對我露出微笑。「把手燒掉了，你可能認不得，但這是切肉刀沒錯，切得動。」

「婆婆，你什麼都辦得到。」我以由衷的敬意回答。我敬佩她做出了炭爐，她在舊水桶的底部附近割了一個通風孔，然後用黏土鋪滿裡頭。

「這個啊！」她大聲說，語氣帶著適度的自豪感。「這種東西做起來很簡單，只要把陶土塑形，在水桶裡割一個洞，然後用陶土鋪滿裡頭，就有炭爐了。醫生，等你家蓋起來了，我會幫你做一個。這樣的炭爐不會破損，你太太一定也會喜歡。」

佐伯老太太樂觀的善良本性宛如補藥，只要她在場，就不會有人一直陰鬱。

都築教授即將於下午發表輻射病的演講，所以我在早餐過後就回到病房，早上多半都在回顧紀錄、詢問患者、寫筆記，這樣也許可以做好準備，到時有需要就能提出意見。一些新患者住院，他們出現瘀斑，但有別於之前住院的患者，他們堅稱轟炸後，身體狀況很好，沒有生病，三、四天前才不舒服。有些人開始掉髮。

午餐過後，我跟一些學生和醫生一起走去山口町的藝備銀行，都築教授要在這處斷垣殘壁之中發表演講。距離上次走出醫院已有好一段時間，看見臨時的房屋開始從廢墟當中冒了出來，不由得感到欽佩。有個經典的例子就是京橋街廢墟裡的小木屋，四根木頭柱子和幾片金屬板粗陋地組合起來，就能做成屋頂和四面牆。我心想，打造這種外覆鐵板的木製建築物不會很困難。

一會兒之後，我們抵達藝備銀行那棟燒焦又殘破的混凝土建築物，位於稻荷橋附近的電車路線。演講是在二樓的會議室發表。望向窗外，視線能越過廢墟，一直到廣島灣，而似島清晰得彷彿就在眼前。往南方看，看得到宇品與江波這兩個地區，而兩者似乎也近在咫尺。建築物與房屋盡毀之後，廣島看起來好小，我再度興嘆起來，這裡與其說是廣島灣岸上曾經光榮的城市，不如說是個小漁村。

看到聽眾很少，我很訝異，有幾位無疑是因為下雨來不了，但出席率不佳其實是因為廣島剩下的醫生人數不足以踴躍出席。

一些老友三三兩兩結伴出席，我們互相恭賀彼此還活著。

喜多島課長跟都築教授共同前來，後面跟著病理學家三宅教授，還有幾位不知姓名的人。簡短介紹後，都築教授[54]走上講臺。他的外表令人印象深刻，姿態挺直嚴謹，穿著整潔的卡其色制服與綁腿。燒黑的牆壁很適合當成他原彈演講的背景。他先探討原彈背後的理論，接著討論其威力，還有引爆後帶來的傷亡類型。他談及衝擊波效應、高溫造成的傷口，還有輻射效應，最後討論輻射的吸收性。

都築醫生講完之後，臺上介紹三宅醫生，三宅醫生發表的是死於輻射病患者的屍檢結果。他說的內容幾乎都是我們在通訊醫院觀察到的狀況，想到他是第一位在這方

---

54 都築正男醫生是東京帝國大學外科教授，戰爭期間擔任日本海軍上將。一九二〇年初期是賓州大學畢業生，研究全身輻射照射對兔子的影響，在一九二六年五月美國崙琴學會（American Roentgen Ray Society）第二十七屆年會前，發表他的研究結果。（Masao Tsuzuki, "Experimental Studies on the Biological Action of Hard Roentgen Rays." *Am. J. Roentgenology and Radium Therapy*, 16:134-150, 1926.）基於這層背景，原彈投放後，應該沒人比都築醫生更有資格討論這個主題。

面發表研究報告的人，我有一會兒覺得心煩。當他開始講到他試圖做出結論時碰到的一些困難，我又對他比較有好感了，因為我們都陷入相同的困境。我特別在意他對於輻射引發的血液惡病質（blood dyscrasia）所做的描述，因為有很多地方還是讓我們很苦惱，尤其是從臨床觀點來看。整體來說，我非常喜歡這兩場演講，也樂於發現我們的研究結果得到他人的證實。

我們走回醫院時，我認為我們的研究結果應該要進行摘述並做成簡報，這一點的重要性變得更顯而易見。玉川醫生在病理研究方面獲得進展，而我下定決心，從臨床角度不要讓他失望。我回到自己的病房，拿出所有筆記，努力整理編排。我愈努力嘗試，這作業就變得愈困難，最後我在絕望下放棄。我的筆記零散又混亂，也許不要努力整理才對，應該試著改用統計分析法，摘述我們的結論，這樣會比較好。

晚餐過後，我向笹田醫生與鹽田先生轉述我們今天下午聽到的演講內容。

笹田醫生急著想出院，但連綿的雨水阻擋他這麼做，讓他覺得心煩不已。

「笹田醫生，你下次出院的時候，」我打趣說：「千萬不要再碰到憲兵了。」

今天傍晚，妻子比較好了，她跟幾位患者在說笑，我看到就很開心。我跟賀戶小姐說，不用再注射 trionone，但要持續觀察她幾天。

一九四五年九月四日

下雨，烏雲密布。

早上大部分的時間，我努力整理文件，收集必要的統計資料，以便呈報我們的研究結果。

我再度陷入迷茫，我急於看到工作完成，忽略了工作本身。跟他人在廣島收集的資料相比，我深信我們的觀察可以做成更詳盡的報告。外部調查員只待一小段時間，永遠無法像一直待在這裡的人那樣深入了解狀況。然而，我還是無法著手開始。我坐了下來，不斷喝著茶、抽著菸。

午餐過後，我回到自己的桌前，擔憂著我的報告，就在這個時候，我很歡迎的意外訪客橋本先生來了。

閃光出現後，他以民間志工的身分，多日協助我們。我被帶到醫院時，他率先急救我，後來還協助勝部醫生給我動手術。

炸彈爆炸時，橋本先生在郊區的電車裡，才剛離開五日市站[55]，正要前往廣島。爆炸當下，電力立刻中斷，他只好走路去己斐，再沿著軌道走到白島。他一抵達醫院時，整座城市正遭大火吞噬。他第一批任務之一就是協助勝部醫生與護理師清掃手術室，下一個任務是收集柴火，這樣就有滾水可以消毒器械。

「橋本先生，我很感謝你，」互相問好後，我熱切說著：「沒有你的協助，我們當中很多人都活不了。」

他謙虛接受我的評語，對他寶貴的協助又是輕描淡寫。他對我說，大家都以為我活不了。在他看來，我之所以存活下來，唯一的原因就是醫護人員花費大量心力照料我。我的評語讓橋本先生有點不好意思，所以為了改變話題，我問：「能不能跟我說說你的事情？還有炸彈墜落的時候，你有什麼遭遇？」

「很可怕的遭遇。」他回答，然後停頓一會兒。「電車剛離開五日市站，跟三宅外科醫院近乎平行時，我聽到『碰』很大一聲。同時間，電車停了，大家紛紛跳下來，跑向車站。我想那個方向會有危險，就朝公路跑了過去。就在那時，我看見廣島上方有一朵巨大的雲衝了出來，在這朵雲的兩側，一堆美麗的小雲往外擴散，好像金色的屏風。這麼壯麗的景象，我這輩子從沒看過！」

「你什麼時候抵達廣島？」我問。

「我想，大約是早上十點抵達己斐。」橋本先生回答：「然後中午左右到橫川，那時，一切都已徹底被燒毀，一直燒到橫川站。大滴的雨水開始落下，我記得自己去了車站後方，在一棟屋子的屋簷下躲雨，那裡還沒被火燒到。我碰到一位老太太，她顯然在找人，因為她一直在說：『希美，希美，你怎麼還不回來？』她女兒想必是在民工隊工作。」

「我抵達三篠橋的時候，有些枕木已經著火了。在第一個警備所，我碰到一位死掉的男性，還看到很多人在水塔裡掙扎，呼吸困難，那畫面很可怕。」

「我想一下，」橋本先生努力回想，繼續說。「我想是大約下午四點抵達通訊局。你知道嗎，我的鞋子被黏巴巴的瀝青給毀了，後來他們發軍靴的時候，我要了一雙，因為我的鞋子被毀了，但是他們不肯給我。」

「我說到哪裡了？喔，對了，現在聽起來像是胡扯，但爆炸當時，我不曉得實際投放多少炸彈，我清楚看見兩個降落傘飄了下來，大約二、三十位士兵也在看，他們

55 五日市是往宮島路上的一座村莊，廣島西南方約六公里處。軌道在廣島的西界通過己斐，然後往北穿過橫川，往東通過白島，通訊醫院正是位於白島區域。

高興得鼓掌，因為他們以為B－29被射下來，飛行員在試圖逃生。」

「士兵也是搭同一班電車嗎？」我問。

「對。」他回答，還比起手勢。「那朵雲好漂亮！不是紅色，也不是黃色，它的美無法形容。」

「雲的輪廓很清晰嗎？」我問。

「對，沒錯，輪廓很清晰，好像純淨的藍色天空被劃了一條直線，其他的直線逐一往外擴散。」

橋本先生換了話題，繼續說：「大約四點抵達醫院，藤井醫生站在入口附近的服務臺，努力處理突然湧入的患者。小山醫生和藤井醫生叫我負責服務臺，我做了幾分鐘，很快就想到，我不要記錄患者的姓名地址，可以去做更重要的事情，所以我不做了，開始協助醫生。起初，我負責用碘塗抹傷口，但我從患者那裡得到的就是『好痛！好痛！』的斥責聲和哭喊聲，那是我第一次的挫敗。接著，我換用紅藥水，開始塗抹一位女孩的傷口，她穿著燈籠褲，坐在入口附近。我發現自己竟然認識她，很驚訝。她的傷口多半都在臀部，很難纏繃帶，只要她站起來，繃帶就會滑落。我纏繃帶纏了好幾次，每次她站起來，繃帶就會掉下來。她真的讓我很為難。最後，我放棄了，情急之下把她的燈籠褲拉了下來，重新塗抹傷口，再把燈籠褲拉上去，把繃帶纏在燈籠褲上面。」

聽到橋本先生的描述，我忍不住笑出來，橋本先生也是。

「醫生，你可能不會相信，」他繼續說：「但是不擅長的人，不是只有我一個。現在聽起來很好笑。你可能認識石丸先生，他是會計課課長，接任通訊局代理局長。嗯，他負責管理，相當認真看待自己的職權，當時有位職員奧井先生被帶進醫院，動脈被切斷，到達醫院入口時已經死亡。午夜十二點左右，奧井先生的家屬前來認領屍體，但石丸先生不讓他們領走，因為他不知從哪看來的，總之他認為屍檢前不能搬走屍體，不管我們怎麼說都沒辦法動搖他。」

「家屬自然很生氣，威脅說，除非立刻讓他們領回屍體，否則要大鬧一場。其實，就算獲准進行屍檢，也沒人做，所以石丸先生的立場顯得更加荒謬。情急之下，我去他的辦公室，跟他說了一個厚顏無恥的謊言，奧井先生還活著，家屬急著趕在他死前把他給帶回家。這個提議石丸先生願意接受，他不會失去威信，所以同意了。屍體移出時，石丸先生和我們大約十個人列隊敬禮。」

「那是我們第一次不得不處理屍體，我們不曉得該怎麼著手進行，不是石丸先生的錯，因為有規定說，要等某些文件送交後，才能領回屍體。可是，文件在哪？監督文件正確落實的人又在哪？有人跟我說，基於同一個理由，東操場那裡的人很難處置他們自己的親屬，數以百計的民眾拚命設法要讓死者火化，卻因為少了某份愚蠢的文件，無法獲准。幾天後，大量屍體堆疊起來，沒人認得誰是誰，大範圍腐敗引發的臭味難以忍受。在那些時日，無論你去哪裡，到處都躺著一堆死者，無法不看見。屍身腫脹變色，口鼻滲出白沫。」

橋本先生離開後，我試著在腦海裡想像那片美麗的天空，他口中所說的金色屏風。橋本先生欣賞天空時，我們正在設法從殘破的自宅逃離，或者穿越昏暗的市區。廣島市內外的民眾所描述的閃光，有著天差地遠之別。在廣島市內，天空彷彿被抹上淡色的墨汁，民眾只看見銳利又炫目的閃光。在廣島市外，天空是美麗的金黃色，轟鳴聲震耳欲聾。廣島市與五日市之間的差異就是如此之大。

橋本先生的觀察力十分敏銳，我欽佩不已。很多人都說，有一朵巨大的胖乎乎的雲，像蘑菇那樣冒出來，或者像是生氣又胖乎乎的雲，往上升起，形成蘑菇狀，還有黑煙覆蓋天空。然而，在我跟橋本先生聊過之前，我根本不曉得那朵雲周圍的天空是什麼樣子。我當然聽人說過天空很美麗，遠在府中市和古市[56]的人尤其強調天空的美麗，但直到現在，輪廓清晰的雲朵襯著八月晴朗藍天的畫面，我才能首次想像出來。色彩多變的雲朵誕生的那一刻，廣島市被橫掃到萬物盡毀。就在那一刻，廣島市長年努力的成果隨著善良的市民一起消逝在美麗的天空下。

56 府中市是廣島東方的村莊，距離原爆中心五千公尺，部分地區有丘陵作為屏障。古市是距離廣島北方將近五公里的市鎮。

一九四五年九月五日

多雲，後來放晴。

代表颱風季開端的二百一十日，平安無事地過去了。也許是下雨的緣故，沒有颱風，只有巨大的雲朵飛過天空，強大的風勢吹得東西發出聲響。我的睡眠被聲響打斷，我夢見有東西在追我，但早上我的腦袋一片空白，記不得夢境的內容。

我吃了早餐，喝了一杯濃抹茶。聽說有報紙送來，我去通訊局看看有沒有投降的報導。但得知沒有報紙，我心裡很失望，甚至潮先生也沒聽到消息，只知道參謀總長和外交部長已出面接受無條件投降。但我得知，我們在閃光出現後的作為，都已呈報給通訊院。我樂於聽見這個消息，希望通訊院會表揚我的職員，因為他們盡心盡力工作，我期盼他們能獲得回報。

我回到病房，上午剩餘的時光都在整理筆記。《上京經濟》（*Sangyo Keizai*）報社的松本先生順道來訪閒聊，我說，過幾天可能有新聞可以給他。

下午，我依照都築教授昨日演講列舉的三種類別（衝擊波傷害、閃光燒傷、輻射病），整理我們的臨床發現。至於早期患者的資訊，還是困難重重，因為那時沒有紀錄，而我真的很掛心的患者全都死亡了。至於後來的病例，我們有兩百多筆紀錄，我著手將這些紀錄和那些症狀、徵象、血液檢驗結果進行對照，分析它們跟原爆中心距離有何關聯。都築醫生與三宅醫生提出的報告經證明極其寶貴，因為我們的圖書館毀了，又跟外界完全失去聯繫，無法獲取技術性與科學性的細節，而要針對我們的研究結果進行理性的評價，就需要這方面的細節。我一整個下午都在工作，把我製作的表格謄錄在從通訊局那裡弄來的幾大張紙板上，暫時休息的時間短到只夠跟笹田醫生道別並且吃一點東西。傍晚結束前，我開始因太過專注、抽太多菸而受苦，喉嚨變得很痛，還開始胃痛。我用一些小蘇打水漱口吞下去，喉嚨有所好轉，而打了幾個嗝以後，胃不痛了，上床睡覺。

一九四五年九月六日

晴朗！偶爾有雲。

今天是幾週以來陽光首度如此燦爛，天空是藍色的，空氣是清新的，我們再度看見太陽、敬仰太陽。每一件發霉潮溼的東西，比如寢具、衣物，甚至是工兵大隊送來的鮮豔軍旗，全都拿出來晒，而軍旗美化了枯燥的畫面，帶來一點歡樂的氣息。

鹽田先生趁著天氣晴朗，準備出院。笹田醫生昨天已經出院了，鹽田先生則預計是今天。我很傷心，但也知道他們出院會比較好。

鹽田先生下午出院，他那忠實的妻子與宮崎小姐也隨著他一起出院。他們的離去在我們的小團體裡留下了我們永遠無法填補的空缺。他們離開不久後，醫院突然收到陸軍送來的糖，每一袋糖重達一百公斤至一百五十公斤。這件贈禮是真正難得的樂事，我們渴望甜食，好希望笹田醫生與鹽田先生能在這裡跟我們一起享用。

傍晚，我下樓繼續寫報告。在廣島市的地圖上，我畫了幾個圓圈，分別是五百公尺、一千公尺、一千五百公尺、兩千公尺，而廣島郵局是原爆中心。然後，我試著為那些有紀錄的患者，定出他們的精確位置。這件事比我想的還要困難，因為位置資訊很簡略，地圖又標記得很差，有些地方無法確認。我工作的時候，新的想法不斷從腦袋裡冒出來，害我無法一次專注在一樣東西上。我在絕望下放棄，服用安眠藥粉，上床睡覺。

妻子今天比較好了，其實算是狀況很不錯了，山小姐與薄田太太也有所好轉。我漸漸入睡之際，內心的寧靜被一個想法給打斷：笹田醫生與鹽田先生離開我們了。

一九四五年九月七日

多雲。醒來時腦袋冷靜輕盈，睡眠酣暢無夢，神清氣爽。閃光降臨後，這還是我第一次想要專注做事，早餐前做完了十個病例摘要。

早餐後，又完成二十個病例，然後我的工作被訪客打斷。內心的急迫感難以抑制，等到他們離開，我才能繼續工作。中午前，已完成五成的病例。

午餐後，活力十足、滿腔熱血地回到工作上。現在進展非常順利，這項研究變得愉快又有意思。距離表修改如下：五百公尺以下、五百至一千公尺、一千至兩千公尺、兩千公尺以上。把患者暴露時的所在地點用括弧括起來，這種做法比較簡單。他們叫我去吃晚餐的時候，我已經處理完一百七十筆紀錄。

血球數量的減少以及原爆中心的距離，兩者顯然有直接的關聯。我之所以先製作距離表，是因為這個最簡單。接著，比較症狀與距離，把病例分成兩種：嚴重與輕微。

我利用晚上的寧靜涼爽，工作到凌晨三點，然後服用安眠藥粉，上床睡覺。

一九四五年九月八日

多雲短暫雨。

大約八點醒來，神清氣爽，準備工作。

大致而言，距離原爆中心最近的人，症狀最嚴重；距離愈遠，症狀愈少愈輕微。然而，有一些例外，有些患者相當靠近原爆中心，症狀卻極少，白血球指數近乎正常。我分別研究這些病例，並且找到原因——鋼筋混凝土建築物、大樹或其他的障礙物保護了這些患者。

今日收到幾份報紙，皆刊登輻射傷害的文章，其中一篇的作者是都築醫生。我很想閱讀這些文章，也很想繼續工作，在兩者之間掙扎不已。後者贏了，我把報紙放在旁邊，等一下再細讀。

午餐後，我試著摘述我的研究結果，並寫成一篇簡短的報告，但這件事比累積資料還要困難許多，就算盡力嘗試，內心的想法還是無法傳達出來。夜幕降臨，我還在工作。最後，已是深夜，我的心智更敏捷，我的筆尖更堅韌，寫作變得容易起來。我繼續不斷工作，在清晰的思緒下，我輕鬆地把想法寫在紙頁上，為此陶醉其中。等我完成，半個晚上都沒了。

我想，今晚一定會睡得很好，但我的腦袋很活躍，不得不服用一些巴比妥來鎮定神經。

一九四五年九月九日

多雲，天空晴朗。

早上八點起床，檢查報告內容，直到早餐時間才停下。昨天一頭熱地應對寫作上的考驗，成果看似不錯，但現在卻覺得粗劣。沒錯，我如同火箭般升空，卻如同棍子般墜落。俗話說：「虎頭蛇尾。」今晨，我為此擔憂不已，就修剪它的腦袋，把它的尾巴拉上拉下，但我的報告還是不好。我在它的身上補上雙腿、雙翅，還有鰭，最後形狀終於出來，但形狀卻很古怪。

午餐過後不久，報社的松本先生回來拿手稿。我問他，能不能起碼再給我一天寫。他笑了出來，說他寧願先看看手稿。他讀完後說的話，多少消除了我的疑慮：

「醫生，這篇手稿很出色！我會好好處理，刊登後會歸還手稿。」

他離開前，要我拿著手稿，拍了張相片。手稿內容如下：

原子彈與原爆症

衝擊廣島市與市民、燒毀山丘、殺死河魚的原子彈，究竟有何威力？一道短暫的白色閃光，卻具備最駭人的毀滅威力。我是倖存者，勉強才抵達醫院。飛起的玻璃碎片導致我全身都是傷口流出的血液，我倒在自宅底下動彈不得。我家距離原爆中心大約一千七百至一千八百公尺，距離醫院大約一千五百至一千六百公尺。我受傷後，心想，我會死吧，然後下定決心，如果會死的話，我想要死在自己的醫院。等我抵達醫院，大火尚未冒出，而我抵達後的第一句話是：「有沒有人遇害？」此後，我徹底心灰意冷。我被放到擔架上，成了職員與護理師的負擔，大火逼近，火焰在周遭擴散，我被他們帶到這裡和那裡。幸好，無人遇害，畢竟醫院離原爆中心有一段距離，建築物本身也建造得非常堅固。所有職員都受傷了，儘管如此，還是勇敢奮戰。他們當日展現的振奮與激動之情，簡直是同胞愛的縮影。儘管習於面對死亡與災難，我對他們的沉著冷靜仍感詫異不已，而我由衷希望在此表達感激之情。在關鍵時期，我只希望自己能夠展現出護理師她們的冷靜沉著。從那天起到現在，我一直住在空氣流通的醫院。我能夠體會患者的感受與醫生的感受，並且設法針對患者身上每天發生的變化進行研究。

那場爆炸十分短暫，廣島市民的人生卻因此天翻地覆。原爆中心附近的民眾死亡，遠一點的民眾康復。一個月過去，我們治療並研究了大約五千位患者，而我們的工作還在持續進行。在此摘述我們的研究成果，並且提出以下結論：

一．五百公尺內、在戶外暴露於輻射的民眾立即遇害，或者四、五天內死亡。

二．五百公尺內的部分民眾受到建築物保護，因此並未燒傷。在兩天至十五天內，這些民眾當中有多人出現「輻射病」，之後死亡。輻射病的症狀有食慾不振、嘔吐、嘔血、咳血。

三．距離五百至一千公尺的輻射暴露民眾，出現的症狀很類似距離五百公尺的輻射暴露民眾，但症狀發作得比較遲，還會不知不覺加劇。這組的死亡率很高。

四．我研究住院患者和大量門診患者的所在位置，發現多數人是在一千至三千公尺之間暴露於輻射下。這組患者當中，距離原爆中心最近的患者是重症，有些死亡，但絕大部分都是狀況穩定或不錯。

五．大量患者主訴掉髮，最晚會在爆炸後的兩週開始掉髮。在掉髮的患者當中，有些平安無事，有些狀況很糟。

六．輻射病最嚴重的臨床徵象是白血球減少，而在病狀上，造血系統出現巨大變異，骨髓的變異尤其巨大。受到致命傷的患者在過去一個月內死亡。白血球數量低下、活過一個月的患者，現在狀況穩定或逐漸痊癒。過去一週，醫院的氣氛變得很愉快。

前陣子，我們被告知美國的報紙或廣播發布炸彈造成的影響，但我們之前無從得知這個消息，因為廣島沒有廣播報紙。先前有謠言說，這顆炸彈洗禮過的地方七十五年不宜人居，大眾因而感到焦躁不安。因為這個謠言的緣故，廣島郊區的居民——遑論其他地方的居民——都不願進入廣島，通訊醫院與通訊局因此孤立無援，缺乏外來的協助，近乎癱瘓。為了應對這個謠言，在將近八月底時，我們開始針對轟炸後、從郊區與附近區域進入廣島市的一些人進行體檢。這些人全都沒有出現任何異常，白血球數量落在五千至七千的正常範圍內。我們甚至檢驗了一些非常靠近原爆中心的人，比如：在重度防護的電話局地下室裡的人，在全面防護的鄰近防空洞裡的人，還有幾位靠近原爆中心、被大型機具或其他物體防護的人。這些人的白血球數量正常，體檢正常。基於前述研究結果，我們認為炸彈引爆後，廣島市內並沒有毒物散布。

這份研究的結果已告知通訊局全體工作人員，並督促他們繼續工作，不用害怕承受任何後果，只要之前沒在爆炸中心附近暴露於輻射下就不用擔心。近乎同時，都築教授與東京來的一群人到訪廣島，他們進行類似研究後提出的意見跟我們相差無幾，也同樣駁斥了廣島不宜人居七十五年的謠言。

通訊醫院職員幾乎無一例外都暴露於輻射下，他們留在廣島並住在醫院已逾三十天，而且醫院距離原爆中心不遠。我們並沒有任何不良後果，而這件事實進一步證明謠言不是真的。

這顆炸彈竟能毀滅廣島市並造成五十萬人死傷，令人不由得對炸彈的威力感到驚愕。我們在科學之戰中落敗，而不是敗於數量。只要思考過去與未來，就會發現一些事情應該重新考量。

接受治療後，造血系統應該會受到刺激，缺少的東西應該會得到補充。東京帝國大學都築教授的建議如下：維生素C注射劑或維生素C豐富的食物、肝臟補充品或煮熟的肝臟、輸血、自體輸血、異源蛋白質療法、艾灸。我們採用都築教授提出的全部建議。在十名患者的身上，我遵循中國古語的說法，患者有胃口就不會死。對這十名患者，我們提供充裕的食物，不注射、不輸血，而且當然會讓患者的燒傷或傷口得到最好的護理。比起食物普通、獲得注射與輸血的患者，這十名患者的療程更為平穩，更快好轉。轟炸當下在廣島的人應該立即接受詳細體檢，如果白血球數量低下或出現其他的輻射病症狀，應該靜養並吃進大量營養食物。就算沒有證據顯示生病，也應該比平常吃得更多，而生病的人應該努力多吃一點。有鑑於醫生與醫療用品嚴重短缺，我們認為這種簡單的居家療法是最保險的做法，很有可能獲得康復。

我由衷祈禱松本先生刪去冗贅卻不損原意，把我的報告修飾成不錯的報導。我怎麼不堅持他再給我一天時間改稿呢？現在太遲了，我只能猜想這篇報導何時會刊登，大家會有何反應。

一九四五年九月十日

多雲短暫雨。

昨晚睡得很好，因為我寫報告時的緊張狀態已不存在。我在病房消磨時間，喝茶，跟佐伯老太太還有進入病房的其他人說說笑笑，上午就這樣愉快度過。

下午，我去巡房，但要做的事情很少，因為所有的患者都獲得永山醫生與板岡醫生的專業照護（通訊局職員與家屬除外）。在清潔員工作室前面的長椅上，我看到護理師二神小姐茫然望著前方放空。她是個健康、寡言、努力工作的女生，隸屬牙科，自從閃光降臨以來，她日以繼夜不停工作，沒有休息。她看來筋疲力盡，體重減輕。當她意識到我在盯著她看，就害羞起來，臉紅，逃走。醫院都是靠這些女生低調工作才讓一切順利進行。她們的貢獻應當獲得認可，我去找事務長世良先生，看看有沒有方法可以獎勵她們。他也有同感，他一直詳細記錄每位職員的工作時數，打算呈交給通訊院，我對此感到很開心。

我在樓上碰到市議員大橫田先生，他順道來探視一些患者。他上個月訪視時，雙腿有幾個嚴重的傷口，一臉病容，但今天他看起來已恢復健康。我們聊著廣島市的情況，我跟他說了通訊醫院的狀況。

「我們醫院白天和晚上的差別很大。」我說：「白天的時候只要應付患者，但到了晚上，患者的家人出外工作回來，整個地方就像是免費的旅館或貧民窟的房子。我知道這些人無家可歸，但我們不能一直這樣下去。如果可以有一些大型的陸軍帳篷設置在殘破的南方軍營，就能為這些人提供不錯的住處，我們也可以就此放下重擔，不用為家屬提供膳宿。老先生，你覺得怎麼樣？」

大橫田先生朝我大動作點頭，然後說：「醫生，我們會想想我們能做的事情。我同意你的看法，我會去市政府，看看能做什麼事。」

我回到餐廳，看到桌上擺了大約十五封信，其中六、七封是我的，全都是我岡山的老友寄來的，他們寫信是要跟我說，他們很高興得知我還活著，健康良好。我不僅樂於收到友人的問候，也樂於得知我的報告已經刊出，遠至岡山的人都讀過了。

「你看到信了嗎？」佐伯老太太進來的時候，興奮地大聲說。「醫生，今天來了一堆信，大部分都是你的！而且你知道嗎？從今天晚上開始，我們有電燈了，看看那裡的電燈泡。」她抓著我的手，把我拖到走廊上。「從今天晚上開始，就會很亮了！」她抬頭望著光，年邁的臉龐露出快樂的神情。

先是有信，現在還有電！想像一下！從現在開始，我們可以放鬆坐下來了。信件到來的時機恰好是我很想家的時候，也很希望笹田醫生與鹽田先生能在這裡。

夜晚降臨，走廊上的燈打開了。儘管燈泡很小，光芒卻很明亮。電的價值從沒像現在這樣強烈撼動我的心，我們一定要盡快取得電燈泡，讓整間醫院亮起來。溝口先生去了瀨野，玉川醫生不見蹤影，所以只有佐伯老太太和我坐在昏暗的燈光下，聊到夜深。

一九四五年九月十一日

多雲短暫雨。

清晨，鹽田先生進來，我問他，家裡的情況怎麼樣。我忘了提到，他之前離開醫院回家看看，是轟炸過後第一次回家。

「醫生，我家嚴重受損。」他告訴我：「東京派了大約兩百五十位士兵協助清理廣島市，他們駐紮在我家，住了一個星期，把已經完成的狀態做最後的收尾，天花板、家具、屋瓦、所有損毀的東西，他們全都丟了出去，我家變得空蕩蕩的，像個山洞。望向屋頂看得到天空，下雨的時候，雨水穿過洞口，榻榻米和墊子都腐爛了，這一切構成悲慘的景象。最慘的是，你為求妥善保管、放在我家的貫名海屋掛軸[57]毀掉了。」

鹽田先生跟我說了掛軸毀掉的事，我覺得沮喪又悲慘。貫名海屋的掛軸是稀有的古代藝品，書法寫在芭蕉布上，是我家祖先留下來的傳家寶，落款為「苞」，在岡山用行書寫成，傳達的訓諭如下：「遵節儉，尚素樸。思仲尼之克己，履老氏之常足。」

記得從小父母就會把這段訓諭念給我聽，父母罵我做的事情沒有男子氣概，有時就會提到這段訓諭。長大以後，我抬頭望著貫名海屋的掛軸，非常樂在其中，但小時候看著它，有時會很痛苦。那時，掛軸上的句子代表的是道德文化的訓誡。就連我寫這本日記時，還是能看見貫名海屋的掛軸清楚出現在我的眼前，也能精確寫出每一個漢字，能向你指出老化造成的小損痕與小黑點。現在掛軸沒了，我無能為力。

還有個掛軸是犬養木堂的作品，為求妥善保管，我放在友人家島先生的家裡，位於鹽田先生的家再過去一小段距離，而我開始想知道它究竟是倖免於難，還是跟貫名海屋的掛軸一樣沒了。犬養木堂的掛軸也非常珍貴，以前掛在我的書房。我清楚記得它講述的人生道理：「不改其樂，即顏子，一瓢，貧也何害。無德而稱，雖景公，千駟，富亦奚為。」

我頓時明白這類物品何等珍貴。當我信心十足認為日本必勝，當我的思緒只圍繞著天皇打轉，無一物是珍貴的。七月，我在岡山的家被毀的時候，就有了這種感覺。為求妥善保管，我們的傳家寶有很多都從廣島送到岡山，我心想岡山會比廣島安全。

---

57 此處的掛軸指的是用中文書寫的人生道理，加墊裱框，像卷軸或書畫那樣懸掛起來。

失去所有東西後，我一刻也沒有為此苦惱，反倒覺得自己卸下沉重的負擔。失去家傳的佛壇，並未激起我內心的一絲懊悔。失去以後，反而得以自由地前往所欲之處，而我可能想造訪的每個新地方，都有可能成為我的家。我認為，人應該基於愛國心，不惜為國家犧牲一切，所以才會養成這種態度。我們的祖輩與孫輩一定會原諒我們這樣的心態。

現在情況有了變化。自從閃光出現以後，我們全都變得絕望不已，縱使赤手空拳也要對抗，但我們的對抗是必敗的對抗。我們的住家、我們寶貴的家產，再也不是毫無意義，但如今它們已然消失。鹽田先生表示，儘管他的家半毀，家還是家。我感到孤單寂寞，因為我連家都沒了。

病房狀況逐漸改變，偶爾會有患者死亡，幾位患者回家，一些新患者住院。躺在一灘膿液之中的美人有所好轉，今天下午，她很得意地告訴我，她能夠走去廁所了。她有所好轉，表示她的燒傷是大火所致，不是閃光所致。在三十位左右的患者當中，四、五位的臨床症狀有別於我們先前看到的患者。這些患者在八月底前看起來還不錯，但之後卻出現全身倦怠、食慾不振、瘀斑、掉髮、輕微口腔炎的症狀。不過，他們的症狀比先前的個案還要輕微。這些患者距離原爆中心全都超過一千公尺，有一位患者甚至遠至一千七百公尺。我心想，一千七百公尺！哎呀，我家距離原爆中心也只有一千五百公尺至一千六百公尺而已。這件事把我嚇了一跳，我回到病房，內心湧出一股不安感，怕自己可能染上慢性或遲發性的輻射病。我開始擔心妻子，怕她可能出現症狀，但看見她在病床上坐起身子，開心說著現在能自己去上廁所了，我因此感到安心。

晚上，一些朋友來了，我們長談至深夜。

一九四五年九月十二日

多雲短暫雨。

有一兩天的時間，我們好像會迎來晴天，但雨水再度降臨，使得我們如往常般不適。幾乎每天早上我醒來的時候，毯子就是溼的。每天佐伯老太太會把毯子掛在走廊上晾乾。今天早上，她進來拿走毯子，然後說：

「一直努力晾乾你的毯子也沒什麼用，我一把毯子放回床上，風又把雨水給吹了進來。今天，我要請溝口先生把木板釘在窗戶上。現在這樣對你的健康不好。」

早餐後，婆婆跟我一起喝了杯抹茶。我希望玉川醫生加入我們，但他太忙了，還有相當多的患者死亡，他的全部時間不得不花在屍檢室，他好像是被死者追著似的。剛從陸軍退伍的宮庄醫生正在協助玉川醫生與醫學生小川先生，但就算有他們三人也跟不上工作進度，還出現過勞跡象。雨水引發的不適感使得日益疲勞的他們更加疲累，日復一日，他們看起來愈來愈像溼掉的老鼠。

下午，松本先生把刊出我文章的報紙拿來給我，文章占掉一整頁的篇幅，我的相片跟文章一起刊出。頭條寫著：「原子彈與輻射病。」頭幾行說，人在原爆中心的底下有可能存活，營養的食物可以治療輻射病。說到我和我的工作，我被說成是身受重傷，不得不在困難與孤立的環境下進行研究，還否定先前幾份報告提到的益處。文章本身近乎逐字刊出，我還很驚訝地發現，文章附上了我在醫院與通訊局發布的輻射病公告。整體來說，這份報紙對我的文章給予厚愛，其實遠遠超出了文章本身的分量。

我很開心，同時卻也懊惱。這篇文章才離開我的手邊，我就發現自己忘了提到血小板減少的事，而第二段，我用了「並未主訴症狀」的文字，其實應該改成「無症狀病程」。此外，現在看來，我的話說得有點太過自信，兩百個個案不足以做出決定性的結論。我有點太過大膽，毋庸置疑。

我下定決心，今天要泡澡。我已經盡量長時間忍受骯髒溼黏的皮膚，還有令人作嘔的體臭，就算大腿傷口尚未完全治癒，我再也不要讓它礙事了。晚上約莫九點，雨勢稍微減弱，我下樓去廚房，脫掉衣服，赤腳從廚房穿過庭院走到浴池，空氣對我的皮膚來說很冰，冰涼的雨滴飛濺到我的身上。我發現水溫有點太燙，就倒了兩、三桶的冷水，然後進入浴池放鬆。浴池壁很燙，不得不小心坐好，免得燙傷。我很快就發現，這個戶外浴池幾乎稱不上是奢侈。風一吹，頭上橡樹的冰冷水滴就會掉落在我的身上。浴池周圍冒出煙來，風不斷變化，我差點窒息。煙燻了我的眼，眼淚向下流過臉頰。儘管這些很惱人，但閃光發生後首度在這裡泡澡，還是很美好。風沒吹得那麼強的時候，我覺得相當舒適，欣然凝視著晶瑩剔透的水滴映著柴火的倒影。我欣賞著低矮灌木叢的後方，遠處二葉山的黑色輪廓。我的後面是通訊局，窗內不時出現燈火，聽得見人們交談的聲音。我逐漸習慣熱水的溫度，開始放鬆下來。我把身體浸泡在芬芳溫暖的熱水裡，浸得愈來愈深，最後只留我的腦袋在水面上。不知不覺，浴池的水溢了出來，濺到浴池底下的火，發出水蒸氣的嘶嘶聲。我隨即置身於全然的黑暗，享受著保有隱私的泡澡體驗。

泡完澡溫暖又放鬆，我回到病房，馬上就睡著了。我的睡眠也沒被雨水打斷，因為現在有一塊布幕遮擋我床邊的窗戶。

一九四五年九月十三日

多雲短暫雨。

醒來時發現毯子一如往常般溼了，想必昨晚不知何時，雨從布幕底下打進來，但仔細一看，布幕沒溼，水不可能從窗戶進來。為了解開床溼掉的謎團，我開始對病房進行系統性的搜查。仔細查看後，找到原因了——牆壁與天花板受潮，閃閃發光，甚至可以在水珠中寫下自己的名字。清晨時刻，牆壁冷卻，空氣中的溼氣會凝結在牆壁表面，然後滴落在下方的物體上。白天溫度升高，看不到這個現象，水珠的凝結只發生在清晨，而我的床剛好位於天花板某個低處的下方，水珠在此匯集，我間接得到最多的雨水。我推斷另一個潮溼的來源是我自己的氣息。風帶來連綿不絕的雨，整棟建築物吸進很多水，不如住在水牢算了。即使試著關上一兩扇窗戶，仍毫無用處。這件事有害健康，但我們無計可施。早餐時，我把這個發現告訴佐伯老太太。

「是這樣嗎！」她一邊大聲說，一邊點頭。「不衛生，但也沒辦法。」

今晨，有位年輕的醫生帶著顯微鏡來訪，還問我是否能獲准研究我們的一些病例。我很開心，真希望早點獲得這樣的協助。早期缺乏知識與器材，我們辛苦應對，假如來到廣島的一些知名醫生都順道過來幫忙，我們碰到的問題就不會那麼難應付了。現在這問題多少變得更為明顯，我想他應該沒辦法再挖掘更多資訊。我忍不住想要支持這位年輕的醫生，我跟他說，他想要研究多少就盡量去研究吧，他露出開心的神情，彷彿要去尋寶似的。

今天，有個謠言傳到我們這裡，說盟軍即將登陸日本。結果，廣島有很多人都驚恐起來。這波驚恐的氣氛也攫住我們的醫院，有些患者嚇得逃走。下午巡房時，病房幾乎空無一人，就連燒傷尚未痊癒的薄田太太也未獲准許、逕自出院。大致而言，女性比男性更為害怕，因為有人散播謠言說，盟軍可能會來這裡傷人。為什麼這樣的恐懼會突然出現，我實在不明白，畢竟九月初以來，就有人看到美國人和英國人在廣島的廢墟裡走動。

我覺得沒什麼好擔心的，因為西方人是講文化的人，沒有偷竊搶劫的習性。我最多只能寫英文招牌，張貼在入口附近，並在陽臺上豎立紅十字旗。他們看見這裡是醫院，就會理解我們有責任治療患者，不會製造麻煩。

儘管我對醫院與患者的事都很客觀，但一想到妻子，還是成了一位普通的丈夫，我希望能盡快送她離開廣島，最好能送回她家，我們兒子那裡。對於悄悄離開醫院的薄田太太，還有獨自離開的山小姐，我既是同情，又是嫉妒。當然不會有人傷害這兩位燒傷的女性，就算是最鐵石心腸的士兵也會心生同情。不過，醫院裡那些健康年輕的女生呢？她們會平安無恙嗎？我不得不承認，內心還是有些疑慮。至於妻子，她相當若無其事地接受了。

我愈想愈擔心，最後抽了一堆菸。

有位訪客打斷了我的沉思。

他是通訊局總務課的職員，他的重責大任就是在緊急情況下保護天皇的相片。炸彈爆炸時，他人在電車上，剛抵達白島。他穿過昏暗的街道，繞過倒塌的屋舍，最後終於趕在大火前抵達通訊局。抵達後，他的第一個行動就是跑到四樓，那裡掛著天皇的相片。他打開鐵門，鐵門後方就是天皇的相片。在粟屋、大石、影平這幾位先生的協助下，他把天皇的相片帶到局長辦公室，跟潮先生討論應該怎麼處理。詳細討論後做出決定，最安全的地方就是廣島城，那裡冒出來的煙比其他地方還要少。於是天皇的相片被放在保田先生的背上，由影平先生帶領，潮先生殿後，粟屋先生和大石先生在兩側掩護，一行人順利進入通訊局的中庭，並宣布他們要把天皇相片帶到更安全的地方。他們重述了兩、三遍：「天皇的相片會轉移到總務課旁邊的西操場！」職員與患者聽到他們的宣告，都深深鞠躬。這一行人從後門出去，突然想起通訊局的旗幟忘了帶。在天皇的相片移往他處時，通訊局旗幟是儀式的重要環節，於是選了栗屋先生回去拿。但在火勢的威脅下，一行人不等栗屋帶著旗幟回來，逕自前行。在廣島城的入口，他們把任務目的解釋給一位士兵聽，並詢問哪條路線最快到達操場。士兵跟他們說，操場已被火勢波及，於是他們改變路線，改往淺野泉邸的方向前進。抵達淺野泉邸外圍的太田川堤防後，潮課長把相片順利帶到更安全的地方。

運送期間，一行人碰見眾多死傷者，還有軍營附近的士兵，而愈接近堤防，死傷人數愈多。在淺野泉邸西界繞行的電車路線上，死傷者多到他們差點走不過去，周圍的人實在太多了，一度無法通行。一行人只好大喊：「天皇相片！天皇相片！」站得起來的士兵與平民不是敬禮就是鞠躬，站不起來的就雙手合十祈禱。人群之中，神奇地開出一條路，天皇的相片以勝利之姿被送到河邊！

「非常莊嚴肅穆！」保田先生大聲說。「我把相片交給潮課長，而課長又登上了某個不知何人提供的船時，我感到一片淒涼。為了這趟渡河，有位軍官拔刀，大聲下令，站在河岸兩側的全體軍官與士兵隨即立正敬禮，平民列隊站著鞠躬。我內心的感受無法形容，只祈禱天皇的相片平安無事。」

保田先生吸了一口氣，以敬畏又壓抑的語氣繼續說：「嗯，河面很平靜，在受傷的士兵之間，潮先生帶著天皇相片的畫面，現在還是會浮現在我的腦海裡。」

我原本以為天皇的相片毀於大火之中，但聽了保田先生的故事後，我的內心感受到溫暖的光芒。

「你做的事很高尚。」我說：「你是日本人的榜樣。電話局著火的時候，事務長廣畠先生跟你一樣，對於天皇的相片有著同樣的感受。他拿著天皇的相片貼著胸口，穿過火場，送到安全的地方。你和廣畠先生應該獲得表揚，你們都做得很好。我們現在是戰敗國，在占領國的統治下，你的高尚舉動不會得到回報，可是總有一天你會透過某種方式得到的。」

保田先生臉紅了，謙虛地說，他覺得自己不值得獲得表揚，畢竟我們打了敗仗。

「你做的事是在戰時做的。」我提出反對。「假如你是個士兵，就會得到士兵所能得到的最高獎項金鷹獎章。別擔心，你會得到回報！」

或許能用以下的畫面為保田先生的故事寫下尾聲：潮先生拿著天皇的相片安全渡

河，不久整個二葉化為一片火海。旋風與雨水到來，河水變得湍急危險，河面波濤洶湧。火球從二葉地區飛越河川，淺野泉邸的松樹燒起來了。巨大的松樹燃燒、搖晃、倒下，高溫難耐。房屋被火舌吞噬，人們擠在河岸上，努力逃離煉獄，跳進河裡。數以千計的人們溺水而死。保田先生與大石先生抓住一塊大岩石，逃過死神的追殺。

吃晚餐時，肉身燃燒的氣味從敞開的窗戶飄了進來。高田小姐已死，在醫院前面、浴池旁邊火化，那股氣味跟燃燒的沙丁魚相差無幾，讓人想起了閃光降臨後的那些時日。我們泰然自若吃著晚餐，對於最悲慘的環境已經習以為常，死亡的氣味影響不了我們的胃口。

晚餐過後，我把保田先生的故事轉述給溝口先生、佐伯老太太、我的妻子、賀戶小姐。

一九四五年九月十四日

烏雲密布，反覆下雨。

高田小姐死去時，玉川醫生人在岡山，所以並未進行屍檢。她死去以前，有好幾天無人死亡。高田小姐的病史都有詳細的紀錄，而且值得探究，陳述如下：

高田，女性，二十八歲。

檢驗日期：一九四五年八月二十八日

主訴：全身倦怠。

過去病史：沒有異常。

目前病史：在八丁堀的食物配送公司暴露於輻射下，距離原爆中心約七百公尺。不久後虛弱、反胃嘔吐、全身倦怠、腹瀉，持續兩天。逐漸恢復體力，恢復胃口。能夠照顧自己，做些輕度勞動的工作，但味覺沒有恢復，總是輕微倦怠，很容易疲勞。

儘管失去味覺，還是吃得很多。暴露於輻射三天後掉髮，從八月二十五日開始注意到大量掉髮，於是二十八日來醫院體檢。

住院日期：一九四五年八月二十八日

目前狀態：發育適中、營養不良、嚴重虛弱。掉髮：約三分之二。脈搏正常。呼吸：規律。臉部：麻木。結膜：貧血。嘴巴：正常。胸部或腹部沒有發現異常。尿液沒有異常。白血球嚴重減少。

一九四五年九月一日：胸口有瘀斑，主訴嚴重全身倦怠。

一九四五年九月五日：瘀斑變大變多，很多大得跟小指指尖一樣。體溫：三十八點五度。脈搏有點微弱。主訴虛弱；沒胃口。一天排便三次。

一九四五年九月九日：脈搏小而微弱。瘀斑變多，原本是針頭大小，現在大得跟拇指指尖一樣。顏色：紫棕色至紅色。

一九四五年九月十三日：死亡。

這位患者的病史與病程，符合典型死於輻射病的患者。

早餐過後，我去了通訊局一趟，想找大石先生。他回來工作了，我希望能聽聽他對於拯救天皇相片的描述。找不到大石先生，倒是碰到儲藏室的幾位工作人員，他們被閃光所傷，看來疲累又消沉。其中一個男人對我說，職員、患者、家屬現在的總人數約有三百人，為他們購買食物愈來愈困難。他說，因為價格上漲，所以很難買到新鮮的魚與蔬菜，這件事讓我感到不安。當我發現再也問不到更多資訊後，就謝過他，轉而去找廣島通訊局的物資供應主任井町先生。我在通訊局與醫院之間的柳樹下找到他，我倆前往醫院的餐廳，他在那裡跟我說了以下的故事：

「閃光出現後，」井町先生開始講述，他習慣用他的姓氏來稱呼自己。「井町去了殘破的分局，可是井町發現，一切都被大火給毀了，所以井町哭了又哭。井町以為保險箱會沒事，所以井町把它給撬開，卻發現所有的紙幣，大約兩千到三千元，全都被燒光了，只剩下一元又六十五錢的硬幣。井町看見這個畫面，大聲哭了出來，眼淚從井町的臉頰流了下來。」

「之前，儘管物價上漲，井町還是一直能設法應付過去，可是現在辦不到了。閃光出現後，廣島市的食物配送中心設在大學裡。我們有一輛小貨車可以載運物品，但輪胎壞掉了，後來我們順利從通訊局那裡弄到一個輪胎，有個人去橫川撿來另一個輪胎，小貨車才能上路。我們收到白米，鄉下的一些郵局也寄了幾個裝滿白米和小麥的郵包，所以我們不用擔心主食。井町很難弄到蔬菜，目前這裡買不到，我們必須去八木和戶坂[58]買。正如你所知，沒有蔬菜配給，而且我們當然沒辦法用錢買菜和魚。每次我們出門向熟識的人買東西，都會帶個小禮物，可是對方還是不把我們想要的東西給我們。我們不得不以敬重的態度懇求農夫和商人，這件工作很累。」

「我們會挺過去的，因為大家都對井町很好。所以醫生，請放心吧，你永遠不會餓到。不管怎樣，東西的價格都很不合理。總之，價格要看買家用什麼東西買。小黃瓜和番茄很難取得。井町昨天出門去買食物，看看這個！」

井町先生的筆記本記錄了採購內容與支付金額，他把筆記本拿給我，並且指著記錄的項目。這是我首度面對通貨膨脹，首度知曉通膨在遭受戰爭蹂躪的城市的市民眼裡是什麼意思。正如井町先生所說，金錢毫無價值可言。在這種情況下，他到底用了什麼方法順利弄到東西，實在了不起。

同時，我學到新名詞，人們開始說起「市區的礦山」，意思是廢墟裡埋著的貴重物品。有些人經常去「市區的礦山」挖東西。起初，我覺得做這種事有失體面，但我愈思考就愈覺得有意思。

下午，我一時衝動，決定親自去尋寶。我前往南方的殘破軍營，看到幾個人在挖東西，我停下腳步，看看他們找到什麼，結果發現他們撿起一些鐵製廚具，還有幾個生鏽的工具。我到處挖了一點，找到零星的雜物，但沒有一樣東西完好無缺或值得留存。我在一片屋瓦底下找到一塊老舊的斧刃，我費勁拖著它好一會兒，然後丟掉。我來到一處圍場，地面是泥土，顯然是射擊場，我隨便踢踢灰燼，發現一些槍管以及被燒壞的槍托。看到這些東西讓我想到了血肉消失後的骨骸。槍管附近有一些彈殼，但不是黃銅製，而是從某種灰色、外觀劣等的金屬澆灌而成，我從沒見過這種東西。往更遠處去，找到了一些竹製子彈與斷掉的竹槍。更遠處是各種的斧頭、小斧、鋸子。我心想，戰敗的國家就會發生這種情況。黃銅的替代品，木頭子彈，竹槍。士兵受訓使用竹槍來英勇殺敵。我現在明白，去年春天軍方何以准許士兵回家放短假。軍方告知士兵，在住家附近或村莊裡，把每一塊金屬都找出來，帶回軍營。這些垃圾被堆在軍營附近，等著被做成戰爭的工具。不用多說，我找不到值得擁有的東西。

深夜，玉川教授從岡山回來，還帶了一罐抹茶給我，那是他從老友中村那裡買來的。我的老友和他的家人疲勞過度，在東山重新開了一家小店。玉川醫生說，岡山人

---

58 八木是廣島北部邊界附近的村莊，戶坂位於藝備鐵路線，廣島市東北約六公里處。

受到的磨難比廣島人還要大，相比之下，我們的醫院簡直像個天堂。玉川醫生已經兩天沒有好好抽根像樣的煙，所以我把還很充分的庫存品分給他一些。

「蜂谷，香菸是奢侈品，你們的生活過得有點太安逸了！」他一邊斥責，一邊狂抽著我們分給他的菸。

一九四五年九月十五日

多雲短暫雨。

早餐後，吳市郵局的一些職員前來造訪，我首度得知占領軍已登陸。對我來說，連「進駐軍」（通常是指占領軍）這個名詞，都跟占領軍一樣怪異陌生。一想到吳市這個偉大的海軍港口遭到盟軍占領，忍不住悲從中來。我從小知道的吳市，是我們帝國海軍最後也是最大的要塞。如今，吳市落入外國人的手中，到底它會成為開放港口還是管制區，沒人說得準。

朋友們通知我，宇品的廣島港很快就會遭到占領。在預期心理下，民眾在住家周圍興建圍籬，把門窗上鎖，因為他們聽說盟軍的士兵不會破鎖、破窗，也不會拆除圍籬。他們對我說，盟軍的士兵非常喜愛女性，對女性也很親切。

不久，占領軍就會出現在我們的醫院，已經有人看見他們愈來愈常出現在廣島站附近。

郵件從九月一日起開始送來，今天我竟然收到二十四、五封的信件。我仔細閱讀每一封信，並且查看信封。有些信的日期是九月十二日，是朋友們讀了我在《上京經濟》發表的文章後寄來的。他們稱讚我的文章，並且恭喜我倖免於難。其他信件的日期大約落在八月十日，朋友們詢問我是否平安。我想知道這些信件的郵戳日期怎麼會差這麼多天，於是前去詢問原因。有位郵局員工告訴我，廣島郵局全毀，九月一日前無法恢復運作，後來在郵政儲金局、廣島站、通訊局附近的鐵路郵局開設臨時辦公室，才恢復郵件的派送。在開設這些分局以前，標有廣島的郵包全都存放在廣島鐵路沿線各個郵局，較早的信件堆在底部，較晚的信件堆在頂端，這就是一起寄送的原因。

醫院的人數穩定減少，只有病得動不了的患者才留在醫院，其他人都怕占領軍登陸，嚇得逃走。住在醫院裡的人很多是孤兒，他們不怕占領，繼續跟我們住在一起。

我碰到一群孩子在醫院樓梯上快樂玩耍，他們能找到什麼東西就拿來當玩具，例如：一點草葉、幾塊木頭、奇形怪狀的石頭。有一群人有明治天皇的相片，他們在相片上面黏了一個很大的泥巴派。

「這個相片你們是從哪裡弄來的？」我問孩子們。「這是明治天皇的相片，你們知道嗎？」

「醫生，舊總司令部那裡有很多！」他們大聲說，一副沒做任何無禮舉動的樣子。

「你們一定要尊重天皇的相片。」我如此告誡。「不然會被處罰，也許最好把相片給我。」

孩子們把相片給了我，他們不知不覺做了件錯事，一臉驚訝，自尊心受傷。我知道孩子們舉止失禮是無意為之，等我回到病房，就對自己的處理方式感到羞愧。

午餐後，我聽人說，前往車站就看得見占領軍，所以儘管下雨，我還是南下看一下。在路上，我體驗到奇怪的感覺，當時我碰到了一些年輕男生，他們留著長髮，頭上沒戴東西，得意洋洋到處走動。我在距離車站更近的地方，碰到更多留著長髮的男生，聽說這是最新潮流。我心想，輸掉了戰爭，卻贏得長髮。在我仍是學生時，我們的學校要是比賽輸給別間學校，我們就要付出額外代價——剃光頭。戰爭期間，短髮很流行，可是現在沒人想被誤認為退伍士兵，怕占領軍報復。

車站（或說殘餘的車站）擠滿了慌亂地繞來繞去的人，但我沒看到士兵。車站附近街道的小攤位緊挨在一起，它們不比榻榻米大，且往往比較小，幾乎難以在其中四處走動。大家在這些窄小的地方做生意，販售五花八門的物品。一些小棚子突然冒了出來，模糊不清的店名顯示出這裡是吃東西的地方。一家專賣素麵，是麵線搭配海藻。

一家專賣關東煮，是肉塊、魚塊或魚板，跟蔬菜一起串在竹籤上，放在七輪炭火爐上面，用木炭烤。一家專賣艾蒿年糕。這些窄小的食物攤位看起來骯髒，生意卻非常好。

我看到的男性大部分都穿著陸軍制服，還看到幾位女性也穿陸軍制服。穿海軍制服的人很少。穿飛行員棕色制服、腳踩短靴的人看起來最聰明。老實說，真希望我有飛行員的制服。我看見的一位可憐女性嚇了我一跳，她穿著婚禮和服，背著一袋地瓜。也許她失去了所有日常和服，不得不把轟炸前疏散帶出的珍貴和服穿在身上。

臨時售票窗已在損毀的車站裡搭建起來，有一小塊區域搭了屋頂，民眾可以坐著等火車。我在這裡停下腳步，看著往來的行人。退伍的士兵們背著大袋子，混入了因戰爭而受害的平民之中。我看見一個小孩，上半身赤裸，只穿著髒褲子，他向那些蹲著吃便當的人討食物吃，一直等到對方給了他一小塊食物才走開。我看到這個小孩就忍不住同情又傷心，還想起了我十七、八年前在遭受戰爭蹂躪、打敗仗的滿州與韓國看到的孩子，他們也是向吃著便當的我們討點食物吃。有關戰敗一事，這些可憐的流浪兒是最鮮活的象徵。

我在車站附近親眼目睹這些悲慘情景，再也承受不了，於是返回醫院。回程途中，我繞道穿越西部軍區與騎兵團司令部，寂靜的廢墟毫無聲響，只剩墜落的雨聲，我變得傷感，想到我們昔日敬佩的那些軍官，他們現在擁有著什麼樣的未來？他們依舊是日本國的一部分。看著車站前面的情況，就能得知許多事情。留著一頭蓬亂長髮的年邁軍官蹲在角落，附近是一些乞討食物的流浪兒。一系列的景象在我的眼前展開：疲憊的戰爭受害者，退伍的士兵，倚在燒焦柱子上的老者，漫無目的行走、漠視周遭一切的民眾，還有乞丐。他們才是真正的征服者！

晚餐過後，我的思緒再次回到廣島站的場景。每個人都表現得好自私，一個悲慘的社會正在誕生。有些人一貧如洗、到處遊蕩，有些人彷彿突然覺醒般活了過來，像是終於等到了屬於自己的時刻。臉孔邪惡、口出穢言的人，竟穿著最好的衣物。穿著飛行員制服的人，看起來像流氓或粗鄙的政客。這些傢伙會走進車站附近的小棚子，大膽又下流地調戲那些粗俗的女孩，行為無恥而放蕩。這個國家落入卑劣無知者的掌握之中，我內心憎恨著他們，想到他們掌權就咬牙切齒。情勢變化如此，那位年邁的軍官，要面對什麼樣的未來？

一九四五年九月十六日

下雨，烏雲低垂。

今晨，秋山醫生來看我。他這麼早過來，很不尋常。雖然他向來容易不安，會妄下結論或把最不明確的謠言加油添醋一番，但這次肯定有什麼事讓他心煩意亂。

「這麼早來工作，我要誇獎你才行。」我說：「還是出了什麼事嗎？」

秋山醫生通常會立刻說笑，但他這次沒理會我說的話。他那蒼白的臉孔流露著嚴肅又擔憂的神情，他小心翼翼環顧四周。不對勁。

「我說你啊！怎麼這麼拘謹？」我問。

「醫生，我們逃走吧！」他脫口而出。「這裡的情況很糟！你的妻子處於危險之中，如果我們要逃的話，現在正是時候！盟軍登陸以後，我們全都死定了。這是真的，我知道自己在說什麼。」

「是這樣嗎？」我一邊回答，一邊揚起眉毛。

「當然是這樣，醫生。」他如此回答，對我的態度感到惱怒。「他們會不擇手段。請讓我把你給弄出去吧。你不走的話，至少讓我把你的妻子給帶走。我知道我在說什麼，就聽我一次！」

秋山醫生十分不安，態度又很誠摯，我被打動了。秋山醫生在中國待過，他怕自己在中國北部看到的事情會發生在我們身上。

「秋山醫生，你那麼關心我們，感激不盡。」我說：「我也許會請你幫我們。你的好心提議，我會告訴妻子。可是請讓我好好想一下，你說的話讓我措手不及。」

我跟秋山醫生說話時，我的外甥、岡山來的正生出現在門口，他恭敬地站在那裡，等我們講完話。正生十六歲，是個寡言又謙遜的小伙子，上次見到他，年紀還小，現在已經長這麼大了。他帶來一小盒岡山產的麝香葡萄，放在我旁邊的地板上。互相問好後，他跟我說了岡山的情況。這個男生小時候很不快樂，從他的臉孔與身體就看得出來。看著他，就想到我的妹妹（他的母親）以及他的父親。戰爭爆發前，他的父親因公被派去爪哇，而戰爭爆發後，他父親被徵召入伍，不得返家，現在已經兩年沒收到他的隻字片語。他們在岡山的家已經毀了。六月起，他們住在在橫井，我的故鄉。我問起他兩個妹妹的情況，還有他母親和其他家人過得好不好。大家顯然都過得很好。聽到家裡的消息，對我來說是好事。我試著鼓勵正生，他父親會沒事的。

今天巡房時，我聽到兩個新的謠言。第一個的大意是，閃光出現後來到廣島的人現在都罹患輻射病；第二個則聲稱，留在廣島的人會在一年後禿頭並且死亡。患者人數還在減少，但留下來的患者，狀況都很穩定或有所好轉。

我回到病房時，妻子與佐伯老太太都興奮地輕聲說笑。島姨媽送來一件羽織，妻子正在炫耀。我也收到一件意想不到的禮物——西部總局送來一套制服與一件大衣。現在，妻子與我可以暖和地度過冬天。

「你拿到了好東西。」溝口先生大聲說，他在我們欣賞禮物時進入病房。「也很適合你，這一定是士官的大衣，因為其他的大衣通常很小又貼身。」

見了我的新衣服，溝口先生想知道有沒有新物資到達，而為了不錯失任何機會，他趕赴司令部，看看能否幫醫院拿到一些東西。傍晚，他回到醫院，向我回報：

「有大量的物資庫存，很多都堆在戶外。我跟官方的溝通很順利，沒有問題。他們叫我把需要的物品堆在一邊，他們會看管。明天一大早，我們再帶手推車去那裡。醫生，你不用擔心，物資很夠，患者領完以後，還有一些可以留給職員。」

晚餐後，大家再度討論無條件投降的話題。陸軍與海軍會解散，他們的軍火彈藥會被沒收，無庸置疑。謠言說，中國國軍會占領四國，包括制服在內的軍需品會被中國占領軍侵吞，所以才會有這麼多的軍方物資可以供應，才會費盡心力把這麼多的東西都搬到山裡。物資存放在戶外的場地、倉庫，甚至是私人住家。很多物資經由鐵路運送到山裡的小村莊與小村落，分配給戰爭受害者與退伍士兵。離開廣島的鐵路線，像是吳市三原線、山陽線、藝備線，全都非常繁忙。很多人侵吞軍方物資，藉口說是在收回戰時被課的高額稅金，其他人則是直率承認自己是故意偷竊。有些人說，物資理應屬於他們，因為陸軍被遣散後，納稅人最有資格索取。

廣島市有竊賊大批出沒，少數幾位竊賊的行為稍微具備騎士精神，因為他們把偷走的物資送給需要的窮人。然而，大部分的竊賊都是把偷來的贓物賣出去，一夜之間致富。在衛兵不足的情況下，洗劫變得容易。戰時，沒有人會想偷東西，即使物資放在戶外的場地，也不用衛兵看管，可是現在東西不上鎖就不安全。

我們的收入在戰時被課了八成的稅金，為的是把物資提供給軍隊，此事真令人頭暈眼花。既然戰爭已經結束，也許稅金就不會那麼高了。我們都沒想到重建的事。我們聊得愈久，就愈是豁達樂觀。深夜，我們以快樂的想法作結：我們可以期待在和平的國家過著更美好的生活，更輕鬆地負擔稅金，沒有冷酷的憲兵作威作福。

一九四五年九月十七日

下雨，後來變成暴風雨。

起床時正在下雨。早餐後，我收到郵件，其中一封信來自守屋醫師，附上一些相片，是他來訪時拍攝的。我細看相片，發現我們的疤痕竟然看不太出來。我至少有一百五十道疤痕，笹田醫生臉部燒傷，我妻子有十五道疤痕，很小就是了，小山醫生則是頭部受傷。然而，這些相片幾乎看不到疤痕。我撫摸自己臉上的疤痕，希望它們會像相片中那樣消失。假如疤痕沒有消失，我的樣子會像是與謝，這位傳奇人物總是在打鬥時被劃傷並留下疤痕，他的臉逐漸變得更像流氓，不是純粹的無賴。無法想像笹田醫生再度恢復他那稚氣的臉，也無法想像我妻子的臉毫無凹痕與疤痕。我們不曉得自己能否再次面對大眾。這些相片上面確實出現了一些繃帶，而我認出了燒焦扭曲的床、掉落的牆壁灰泥堆，還有懸空的電線。這些相片會是寶貴的紀錄。收到相片，我很開心，寫了封信謝謝守屋醫師的周到體貼。

其他人看到相片也會高興，所以我在醫院與通訊局巡了一遍。在巡視期間，我碰到大石先生，自從保田先生向我講述他們營救天皇相片的故事，我就努力在找大石先生。我問他願不願意來我的病房，把他的功績講給我聽。

「院長，跟我上次見到你相比，你看起來比較好了。」大石先生對我說：「你當時看起來好像快死了，你知道我們有多擔心嗎？」

「其他人跟我說過。」我回答：「別說了，說說你的情況吧。」

「他們把你帶進來的時候，」大石先生重述一遍：「我覺得你一定撐不過去。我正在幫忙清潔手術室，這時勝部醫生和世良先生進來，叫我盡量安靜工作，因為你就在隔壁，重傷。嗯，我們努力保持安靜，卻辦不到。如果手術室到處都是殘骸、碎玻璃、器械，到底要怎麼安靜清潔？我們努力過了，但結果還是跟剛開始一樣吵。看到你狀況這麼好，我很開心，因為我們都以為你會死掉。」

「拜託不要再聊我的事了。」我懇求大石先生。「來聽聽你的情況吧。保田先生說，你很辛苦，但做得很好。」

大石先生鞠躬，臉上流露出光榮的表情。「我看見白色閃光，推測我們遭到轟炸。為了保護自己，我迅速趴在地板上，遮起眼鼻。在同一刻，有東西打中了我。之後，我坐了起來，竟然找不到傷口，我的第一個念頭是飛機沒擊中目標。等到我站起身，才發現我被拋到一段距離外，就在這個時候，我看見房間受到的損害。看到這情況以後，我想我們畢竟還是被擊中了。就我所見，眼前只剩一座冒著煙、被毀壞的城市。真的有大事發生了。我衝到樓下，扯開嗓門大喊，我們一定要行動。我召集幾個人，他們原本迷茫不安地站著，我請他們幫我把傷者搬到醫院。不久，房間與走廊都擠滿了人，所以我們開始讓患者在圍籬旁邊排隊。我大約搬運五名患者，這件工作很費力。之後，我去了通訊局一趟，在桌子之間、桌子底下、壁櫥裡頭，找找看有沒有人被困住，幸好什麼人也沒找到。接著，我上樓去，在存放天皇相片的房間碰到影平、保田、粟屋。他們拿著斧頭使勁砍門，最後終於拿到相片，我們跟潮先生一起把相片帶到外面。我們迂迴繞過軍營，抵達淺野泉邸附近的河川。潮先生帶著相片渡河，抵達白島電車終點站稍北的地方。」

基於崇敬天皇，人石先生壓低聲音，在短暫的停頓後繼續說：「他們帶著相片渡河，這個時候，常磐橋附近的產業研究實驗室起火，幾分鐘後就化成兇猛的煉獄。那棟建築物崩塌時，附近民眾不得不跳進河裡，很多人都溺死了。隔天，成千上萬具屍體在水裡載浮載沉。我們站著那裡，眼見著民眾像老鼠那樣被燒死溺死，一艘船漂了過去。腦袋受傷的男人躺在船底，一位女性在划槳。我向她大喊，要她把船隻划到堤防，她確實做了，只是做起來極為茫然。我載著幾個人渡河，來回好幾趟，但一連串的傷者看似無止盡。我盡快把船隻交給別人，趕緊離開。」

大石先生轉換話題，繼續說：「陸軍那些傢伙很狡猾，我隔天碰到一個軍人在騎腳踏車，他說他要去戶坂過夜。他腳踏車後座的置物籃綁著兩隻雞。我問他，雞是從哪裡弄來的？他說，他是在操場那裡撿來的。我問了腳踏車的事，他若無其事地回答：『喔！這裡到處都找得到啊。』彷彿撿腳踏車是世上最簡單的事。」

大石先生訴說這件事、暗自發笑的樣子，逗得我笑了出來。他到底是在稱讚陸軍還是批評陸軍，我分不出來。我問他配給的事，他繼續說：

「喔！那個很簡單啊。縣府和市府的那些傢伙沒腦袋，他們什麼都不了解。警察和軍官看起來聰明又重要，但什麼都不懂。他們怎麼會懂呢？他們全都不屬於這裡。假如你說大話，又擺出自己很重要的樣子，那就什麼都弄得到。騙他們很有趣，我順利弄到三百瓶清酒，不過，從草津弄回醫院時，確實碰到困難。我不曉得那些清酒後來去了哪裡，因為我沒機會喝上一口。」

相當多人聚集過來，所以我們試著讓他再多說一些，但是大石先生覺得自己講夠了，說聲不好意思便離開。

午餐時間到來，但我的胃很痛，所以沒吃，只喝了一杯抹茶。我喝著茶，想著中村在岡山開設的茶鋪，此時風吹了起來。不久，風勢愈來愈強，也變得溫暖。我怕會下更多的雨，就回到病房，努力固定窗戶上的布幕。我還幫忙搬動幾張病床，盡量遠離窗戶，這樣雨勢很強的話，就比較不會淋溼。我對妻子說了秋山醫生提議帶我們離城的事，但她只是笑了出來，然後繼續以十足沉著的方式忙她自己的事。

晚餐過後，風勢逐漸增強，下起傾盆大雨，這可不是普通的暴風雨，而是颱風。每隔一會兒，雨水掃進病房，如同開闊海域上的洶湧波浪。我用來固定窗戶的床單被撕成破布，蚊帳如同旗幟般飄動。雨下得很大，我們不如出去算了。一陣特別強烈的風勢過後，燈熄了。風由左至右掃進病房，我們蜷縮身體，緊靠牆壁，努力躲避雨水。到了九點，變成暴雨。外頭的民眾湧進醫院與通訊局。有些人前腳才從小棚子逃出來，小棚子就立刻倒了。水漲起來，我們怕會有水災。每個人都全身溼透，午夜前，醫院裡的每一件東西也都徹底溼透，彷彿是放在戶外。風在午夜後不久停歇，雨也停了，但大家都睡不著，因為我們溼得可憐又亢奮。將近早上，我們打了一會盹。

一九四五年九月十八日

多雲，後來放晴。

醒來後發現暴風雨已過，早晨居然如此安靜，難以置信。我努力蜷縮身體，睡在水泥地板上，現在肩膀髖部疼痛，鼻子塞住。我來到屋頂露臺，看見醫院前面有一大池的水。四處冒出的小棚子都被吹倒，鋅板屋頂也被掀掉。信件與明信片散落在通訊大樓與通訊醫院之間，我下樓，盡量把它們全都撿起來，大部分都是掛號信。我前往通訊局的辦公室陳述現況，大家隨即趕往外頭撿信件。撿起這些信件讓我想起之前聽過的一個故事：閃光出現那天，廣島的報紙被吹到水內、本地、鈴張，大約二十四公里至三十二公里外的地方。

我前去事務部，詢問世良先生與北尾先生，這次颱風我們承受多少損失。他們回答，除了一些毯子外，什麼也沒損失。那些逃離暴風雨的外人，好像帶著我們借給他們的毯子逃走了，看著他們的小棚子落得的下場，我也不忍反對他們帶走毯子，因為他們比我們更需要。

我巡視醫院與通訊局，發現四處都積了水坑，榻榻米或其他寢具無不徹底浸溼。患者主訴感冒，但沒有一位太過嚴重。躺在膿液與穢物之中許久的美人，現在能夠自行到處走動，不用他人協助。

早晨平安無事度過。我的外甥正生回來了，還有一位信差帶來友人畑教授寫的便條，問我願不願意前往宮島，診察日本銀行廣島分行的經理。我答覆說，目前我覺得自己不夠強壯，沒辦法出遠門。

我督促正生前往島姨丈在西條市的住處，他在那裡得到的待遇會比醫院好。我原本以為正生已經回家了，但他顯然想要看看遺跡，所以昨晚住在醫院。

到了下午，天氣好轉許多，我決定去散步。傾盆大雨過後，再度看見太陽真好。我悠閒漫步，最後抵達廣島城周圍的護城河。有個老人正在釣青蛙，他在彎曲的鐵釘上放了一點餌，幾分鐘就抓了六、七隻。他每釣起一隻青蛙，圍觀的一小群人就會大喊：「五十元！一百元！」想不到青蛙竟然可以賣到那種價錢，令我驚訝的是他真的在賣，大的一百元，小的五十元！

晚餐過後，我對同伴們說了釣青蛙的事，他們也對於時局的變化感到印象深刻。

昨夜幾乎都沒睡，我疲累不堪，就提早就寢。睡到一半，我被「搶劫！搶劫！」的喊叫聲給吵醒，結果發現是玉川醫生。他顯然做了惡夢，對擾人睡眠一事也道了歉。

一九四五年九月十九日

晴朗。

早晨晴朗美好，陽光燦爛溫暖。我睡得很好，精神飽滿，神清氣爽，今天很適合前往宮島，去看看畑教授昨天提到的分行經理。昨天沒想到自己這麼快就好轉。

在餐廳，大家心情都很好，還跟玉川醫生打趣聊著他做的惡夢。我通知大家，我打算前往宮島，還問佐伯老太太願不願意幫我做個便當。

我循著安田先生每天的上班路線，從己斐出發。度過三篠橋時，我碰到一個男人推著手推車，上面載著牛肉。上次看到肉已經是好久以前的事，我餓了起來，口裡生津。昔日，我很難接受生肉的樣子，就算去過肉鋪，也是偶一為之。我對自己說：「你變了好多。」我繼續前行，經過毀壞的橫川站，再往前走一點，有一條街道的一側，屋舍全都燒光。再往前走去，眼前的屋舍僅部分毀壞。己斐車站鄰近屋舍已改成小店，生意好像比廣島站附近還要好，但氣氛一模一樣。十二點，抵達己斐站，在擁擠的宮島口電車上找到位置。在己斐與高須之間的屋舍，屋瓦被吹走，窗戶破裂，牆壁毀損，看來彷彿受到地震襲擊。經過草津後，屋瓦似乎並未毀損，但窗戶被吹進室內，我留意到這些損壞跡象最遠到五日市。等到抵達廿日市，屋舍看似完好無損。過了地御前，不久就看到宮島躍於海上。往右側望去，我的視線落在了富人們夏季居住的美麗別墅，大飽眼福。

抵達宮島口的時候，看到部分屋舍的窗戶被炸破，這裡明明距離廣島有一段距離，所以我十分訝異。我停留在川原顏榮堂，在那裡吃午餐。川原顏榮堂年邁的老闆陶齋是我的陶藝老師，他看到我很高興。他不斷說著，好像兒子回家，不時把眼淚給擦掉。連他的妻子和年幼的兒子看到我也很高興，他兒子跟我說，炸彈爆炸時，他站在顏榮堂大門外的廣場，衝擊波把他給震倒在地上。

川原顏榮堂位於渡輪碼頭右側，我跟朋友一直聊，直到渡輪即將出發的鈴聲響起。我跟他們道別，趕緊沿著碼頭跑，剛好在船隻開始離開時順利登船。前往宮島的航程耗時二十分鐘至三十分鐘，從甲板望去，景色絕佳。往西方與北方望去，群山矗立於海上，守衛著通往廣島的路徑，而在朦朧的遠方，則是廣島市的海岸線。站在一艘即將靠岸船隻的甲板上望過去，就能見到宮島最美麗的一面。即便是相當遠的距離，還是看得到嚴島神社的巨大鳥居雄偉矗立於海上，背景是寶塔與古老的佛寺，佛寺大殿面積近一千張榻榻米。在前景，店鋪、餐廳、旅館沿著海岸線設立，為每年前往聖島參拜的成千上萬名遊客提供服務。遊客以春秋兩季最多，春季櫻花盛開，秋季紅楓為森林染上美麗又斑斕的緋紅色與金色。

渡輪停泊在宮島主要街道較低的那一端。我下船，回頭朝神社的方向走，途中經過宮島館，這是一家相當小的旅店，由幾位老友負責經營。我心想，先在這裡待個幾分鐘，再前往分行經理住的高級旅店梅林莊，這樣應該不錯。我出聲喊人，是永女士走了出來，她目瞪口呆，站在原地好一會兒。她看到我還活著，非常吃驚。在她身旁的是領班鶯見，也露出驚訝的表情，很高興看見我還活著。我的疤痕嚇到她們一會兒，但她們鎮定下來，請我進來休息、吃些東西。

我謝謝她們，解釋說我正要去診察日本銀行廣島分行的經理，之所以停留，只是想拜訪一下，看看她們的情況。我答應她們，回程路上會過來待一下，她們才比較安心。我不曉得梅林莊在哪裡，鶯見提議帶我前往。我向她表達謝意，動身出發。

梅林莊坐落於一座小山丘的山頂，兩側有老屋。梅林莊俯瞰壯麗的市區景色、瀨戶內海、遠處的群山。通報後，我被帶到玄關旁的西式會客室，一扇敞開的大窗可以俯瞰市區，我看得到嚴島神社，神社後方是古老的鳥居雄偉矗立於海上，神社兩側是蓊鬱的松林。這片美麗風光的前景被一棵莊嚴的老松樹和一座雅致的小庭園給框了起來。遠處是霧氣瀰漫的廣島灣海岸線，我依稀看見一列火車沿著海岸線的邊緣駛過，引擎冒出的煙留下一長串白漆的痕跡，跟昏暗的群山輪廓形成鮮明對比。何等美麗的房間，何等壯麗的景觀！我心想，假如能留在這裡休息幾天，一定會很愉快。才這麼想時，有個身材高挑、打扮優雅的女性把茶端來給我，打斷了我的思緒。我得知她是經理的妻子，互相問好後，她開始說起丈夫生病的故事。炸彈爆炸時，他人在銀行，但幸好沒有大傷。由於銀行距離原爆中心四百至五百公尺，因此我的第一個想法是他想必嚴重暴露於輻射下，但他的妻子說，他唯一的症狀就是虛弱和食慾不振。

我喝了些茶以後，分行經理的妻子引領我去一間通風良好的大房間，她丈夫斜倚在日式床上。他是個五十出頭的胖子，臉部水腫。儘管他的主訴是虛弱，但身體檢查並未查出令人不安的徵象。閃光出現一段時間後，他才能撤離，但之後身體顯然沒問題。廣島中央醫院院長松尾醫生也撤離到梅林莊，但兩天前急需治療，被轉到大野的紅十字醫院。颱風襲擊之際，松尾醫生和很多患者都悲慘遇害，因為他們所在之處被沖進海裡。分行經理跟我說這些話，是要指出他運氣有多好，因為他也想著要轉到大野的醫院，只是碰巧錯過了跟松尾醫生一起轉院的機會。

體檢完成後，我們聊了一會兒。我向分行經理保證，他完全康復的機會極高。

「雖然銀行距離原爆中心很近，」我表示：「但是銀行建造得非常堅固，保護了你，不僅擋住衝擊波，還擋住輻射傷害。你也許想知道，你的銀行現在已經成為資訊中心，牆壁上面貼滿公告，詢問及通報下落不明者、失蹤者、死者的消息。只要你好好吃飯，就不用擔心身體，一定會康復的。患者胃口好，就不太可能會死。記住！好好休息、營養充分，就是最佳良方。」

我向分行經理和他的妻子道別，返回宮島館，朋友們都在等我。我把所有能說的廣島情況都告訴他們，而作為回報，是永女士也把宮島的情況告訴我。岩惣旅館的別館坐落於紅葉谷邊緣，被十七日的暴風雨沖走，很多客人遇害。嚴島神社受損，由於滿潮浸在水中，因此大部分的基座都埋在沙裡。宮島倖存者的遭遇跟其他社區一樣。閃光出現後，成千上萬的傷者與患者逃往宮島，很多人死前出現嘔吐、腹瀉，還有我們以敬畏態度去學習辨認的其他症狀。

朋友們為我準備一頓美味的晚餐，我休息一下、消除疲勞後，就跟他們道別，而在道別前，他們把各種禮物塞給我。

大約四點回到宮島口，正當我經過川原顏榮堂，年邁的陶齋朝著我大喊：「下次請再來我們家！請跟你的妻子一起來！」

我答應會過來玩，站著跟他聊到車站鈴響、電車即將抵達為止。

通往廣島的電車擠滿乘客，我偶然聽到附近兩位年輕男人的對話片段。

「那個女生很危險。」其中一人說：「她就算在公開場合也不害臊，怎麼能做這種事！所以我才會甩掉她！」

很明顯，其中一人看到女友跟占領軍的士兵走在一起，就生氣了。這位年輕男人的態度流露出很多人的典型態度，他們被教著要去恨敵人。他還是帶著敵意的感覺。他那樣對待女生，我無法徹底寬恕，但我心想，假如我站在他的立場，我的女友表現出那樣的行為，我可能也會有同樣的表現。我心想，最好的辦法就是女生都出城，這樣她們和士兵就不會想那樣做。

電車離開五日市車站不久，突然停了下來。我往外看看發生什麼事，結果看見三位醉漢出現過分的行為。他們踏進軌道，逼得電車不得不停下，現在還把列車長推到一邊，爬上電車。他們以挑釁的態度霸凌列車長，攻擊司機，在電車裡趾高氣揚地走來走去，誰擋了他們的路，他們就做出威脅的手勢。他們試著高唱韓國情歌〈阿里郎〉，不時停下來大喊：「萬歲！」電車還沒抵達己斐，他們就強迫司機再度停車，好讓他們下車。他們沒有一個付車錢，也沒人叫他們付。

這些醉漢的行為惹得我心煩意亂。古老的戰時準則「力量即正義，正義即力量」到底能持續多久？

自從投降以來，這種人似乎支配著整個局面。

我疲累不堪地回到醫院，從宮島口坐上電車後聽聞的一切令我悶悶不樂，所以不想跟朋友說這次外出的情況。我泡澡，按摩腿，沒吃晚餐就上床睡覺。

一九四五年九月二十日

大致晴朗，流雲。

宮島的行程，我幾乎招架不住。昨夜十分疲累，其實睡得不好。今晨醒來，腿很痛，不太想起床吃早餐。早餐後，我回到床上，正在休息之際，一位老友前來探視我，他之前在廣島開了家店叫做 Eriben。他難過得要命，崩潰大哭。

「醫生，我妻子死了！」他脫口而出。「她死的時候在哪裡，我都不知道。我可憐的妻子那天早上[59]離開家門去民工隊工作，人就這樣沒了。從那之後，女兒和我就沒有她的消息。」

「你女兒呢？」我問及他女兒的情況。

「她手臂骨折，」他嗚咽地說：「當時颱風把我們家給毀了。」

---

59 在民眾的言談中，轟炸日很快成為記錄事件的根據。「那天」指的就是轟炸日，「隔天」是轟炸日的隔天，依此類推。

老友嗚咽說出的話語，我聽得不太清楚，只聽得到話語當中的零碎片段。他也受傷了，腦袋還綁著一條骯髒老舊的布。我從沒見過有人如此悲傷悽慘。起初，我努力安慰他，但我不知不覺也在哭。佐伯老太太發現我們在哭，她朝我們其中一人看了一眼，又看了另一個人，然後走了過來，一隻手臂抱住他的肩膀。

「老闆，請不要哭。」她用輕柔的聲音說：「我們是你的朋友，我們會照顧你。」我的妻子走了進來，安慰這位絕望的老人家。她溫柔地說：「歐吉桑，我們來幫你。把醫院這裡當成你家吧，我們會照顧你。」

我覺得我們稍微緩解了他的寂寞，因為當他離開時，他好像知道我們是由衷想要接納他與他的女兒。

午餐過後，我在窗戶附近的床上打盹，此時，世良先生急忙衝進來，氣喘吁吁，興奮地低聲說：「醫生，外頭有個美國軍官！」

他帶來的消息嚇了我一跳，我一時說不出話來，內心的恐懼與氣憤翻騰不已。敵意占了上風，沒來得及恢復理智，我唐突大喊：「世良先生，不要理他！」

「醫生，不要說這種話！」他指責我，然後興奮地說：「他現在就在大門口，請去見他一面！」

敵意退去，恐懼取而代之。我很清楚我別無選擇，只能去見見那位軍官。我穿著骯髒的襯衫褲子，加上目前的精神狀態，實在沒辦法應付外國人。

下一刻，我聽到樓梯傳來腳步聲，一位莊重又有威嚴的軍官走了進來，隨行的還有一位膚色很深的衛兵，身體一側掛著手槍，應該是擔任口譯員的角色。我告知這兩位，我是廣島通訊醫院的院長，然後用眼神分別跟他們打招呼，接著提議帶他們參觀病房。軍官比較想知道颱風的事，對於原子彈造成的傷亡不太有興趣。他知道宮島在暴風雨期間發生的事情，一直問我情況怎麼樣。我發現口譯員只懂一點日語，所以我們相互傳達的話語，轉述得並不好。我們一行人參觀完畢，正前往大門口時，剛好碰到我的妻子。軍官問她是不是受傷了，我跟他說，她有貧血，還有一些傷口。我捲起她的袖子，露出一些疤痕給他看。他略略點頭，隨後離開。

他離開後，我的心臟劇烈跳動，雙腳開始疼痛。我心裡實在太煩了，忘了送他到大門口。

美國軍官突然現身，醫院的安靜氣氛為之一變。患者與職員都焦躁不已。我的妻子原本相當若無其事，現在卻流露不安的跡象。山小姐想著要逃跑，開始打包東西。我也感到不安。

如果我能跟美國軍官溝通就好了，這樣我或許能解釋我們何以心生恐懼，他或許也能打消我內心的疑慮。要是我有字典就好了，這樣也許就能跟他交談。我懂得英文的讀寫，卻不會說英語，而別人對我說英語，我也無法理解。從現在起，我下定決心，美國人來的時候，我要帶他們去會客室，透過筆談進行溝通。晚餐過後，我們舉辦會議，我說明我們碰到哪些困難，並且詳細詢問每個在場者，有沒有人能說英語，結果沒有人會說英語，最後決定我們應該要竭盡全力弄到日英字典，儘管我知道我的字典一定毀於大火之中，但我還是建議我們去找找看。

畢竟，萬一別的軍官過來看我們，但沒帶口譯員呢？我們遭到占領，心知肚明日本列島已成為戰俘營。我們一定要能把內心的想法用英語傳達出去。我想起Eriben的老闆，悲慘又一無所有，看起來像個乞丐，骯髒的繃帶綁在他的頭上。閃光出現前，他住在豪宅，什麼也不缺，但如今他的確成了乞丐，任由戰勝者擺布。他似乎象徵著日本的過往與今日。

一九四五年九月二十一日

多雲，後來小雨。

今晨得知九月二十五日後，廣島灣禁止航行。消息來源是合同新聞社記者壽美谷先生，他失去了妻子。他回到廣島，是為了參加四十九日。四十九日是緬懷死者的佛教齋戒日，而今年的四十九日是落在九月二十三日。他的來訪讓我想到一件事，我應該去看看齋戒日，向我那些死於廣島的友人們告別。

妻子最後決定前往我的岡山老家，預計二十四日出發。山小姐今天要離開，只要她姊姊過來接她就馬上出發。起初，我很不想看到患者離開醫院，尤其是重病患者，可是既然占領軍的到來會讓每個人都非常恐懼，那我樂於看見患者離開此處。患者愈少，我們的責任愈輕，尤其又不知道到時會實施什麼樣的占領政策。

跟醫院的患者相比，通訊局臨時病房的患者看起來反而沒那麼心煩意亂。新見小姐還在發高燒，呼吸困難。我很喜歡她，經常坐在她的床邊。她的頭髮還在掉，但瘀斑已消失。我們有了樂觀的理由，但還是怕她可能死於肺結核。我試著跟她說，胸口的症狀是因為她在颱風期間感冒造成，但我覺得她不會相信我。

二樓的病房幾乎空無一人，只剩下一位患者——福地小姐，她在勞工營工作時，在比治山橋附近暴露於輻射下。她的臉部、雙臂、雙手有慢性嚴重燒傷，而住院以來，癲癇發作數次，結果身體遍布瘀青疤痕。我試著跟她說了美國軍官到訪的事，努力讓她安心。我避免說笑，因為她的臉嚴重燒傷，大笑或微笑引起的任何動作都會很痛。她在惡化中，我認為她會死。年邁的沖先生，這位七十六歲的男人在颱風後罹患肺炎，已在鬼門關前。肺炎是惹人厭的併發症，暴風雨過後，有可能導致死亡人數增加。

下午的部分時間，我在信件歸檔。有一封信特別值得一提，因為那是東京的藝術家友人高橋秋華先生巧妙地用畫仙紙（特殊的中國畫紙）製作的。他和我都在岡山長大，他在明治神宮製作華麗的壁畫，聲名大噪。他以藝術家的想像力與技巧，寫了封信給我。信件使用的畫仙紙是細長卷軸型的掛物，在卷軸最上方，他繪製的風神從一只大袋子裡把風釋出，最下方是描繪廣島閃光出現後的景象，電話線桿和屋舍被吹成碎片，被大火吞噬。他的信件內文如下：

收件者：蜂谷道彥醫生

寄件者：秋華（高橋）

長久疏於問候，深感抱歉。沒有早些探問您的狀況，想為此表達歉意。戰爭竟已來到尾聲，並致使廣島化成廢墟一片，此事令我震驚不已，也出乎眾人預料。此後，我一直擔心你的家人，想問候他們的近況。不曉得該如何聯繫您，直到日前讀了報紙才得知您正在調查輻射病。知道您還活著，我終於安心了。祝您好運。此時此刻，願我寄予您的是幸福。

謹致敬意

簽名

一九四五年九月十三日

這封掛物型的信件，上面有兩個郵戳：一個是七錢，有東鄉上將的相片；另一個是三錢，有乃木將軍的相片。這個紀念物罕見又周到，我收進抽屜。

今天的晚餐，我們吃青蛙腿，廚房在料理這道珍稀的佳餚時，我們聞到香味，口裡生津。我想起了那位在廣島城附近釣青蛙的老漢，彷彿聽得見眾人看到青蛙大小後喊叫著「五十元」、「一百元」的聲音。要是那位老漢沒正確地把青蛙給鉤起來，青蛙就會掉下來，但他很少把青蛙弄丟，因為要是有青蛙掙扎脫逃，他就會放下釣竿，像盜壘的球員那樣撲向青蛙。有時，青蛙動作比較快，等到漁夫雙手舉起、往下撲過去，青蛙都已經跳到很遠的地方了。他追青蛙追得愈快，青蛙就跳得愈快。假如青蛙脫離釣鉤後恍惚失神，那位老漁夫就能抓到青蛙，但動作一定要快才行。

不知不覺，我正在模仿老漁夫的樣子，我們全都好好地笑了一頓，也都好好地吃了一頓。

一九四五年九月二十二日

下雨，打雷閃電。

今晨，我起得比平常還要早。佐伯老太太已經起床，在廚房忙著料理早餐。溝口先生在餐廳角落的床上，還在睡。我默不作聲，悄悄走出去，免得把他給吵醒。我在走廊停下腳步，看著山小姐那張空蕩的病床，不曉得她在家裡能不能得到她需要的治療。我想起了戰爭結束前不久的時光，想到了我們搬到樓上病房的日子。我的目光從一張空蕩的病床移往另一張空蕩的病床，對於已離去的患者，心中滿是思念。我們現在擁有的不過是一間旅館，住著玉川醫生、醫護人員、前來協助我們的學生。這間病房的回憶突然間變得珍貴起來，幾個星期前我絕對想不到會這樣。

早餐過後，我請佐伯老太太清理我們之前當成病房的那間房間，萬一外國士兵回來造訪，就能當成會客室使用。我們把從廢墟撿來的軍刀與老舊軍火給移走，把病床推到一邊，桌椅擺放在中央處附近。會客沙發是一片木板和四根椅腳，但我們盡量弄得像樣點，有空間讓四、五位客人坐。

醫院人數減少，要做的事也變少，只能坐著等待，我陷入沉思。這些日子以來，這還是我第一次不受打擾，所以我才能稍微客觀看待過去。我擔心邪惡的勢力已籠罩廣島，從宮島回來的途中看到的那些醉醺醺、胡亂撒野的士兵，象徵著現在。「正義即力量」，「人格勝過於出身」，這兩句古老諺語再也不適用，至少是沒人奉行了。在我看來，唯有在和平時期，有法律與秩序之時，教育的紀律才可以發揮效用。光憑教育是沒辦法改善人格的。人格是在沒有警察維持秩序時，才會真正展現出來。教育不過是一層薄薄的外殼，是貼上去的鍍層罷了。無論有沒有受過教育，人類在緊迫時才會暴露真實人格，而強者獲勝。諺語反轉，力量即正義，出身比人格更重要。於是，國家便由武力所主導。

一九四五年九月二十三日

多雲，後來放晴。

今天是四十九日。醒來後，我想著該怎麼為那些死於閃光的友人舉辦法會。早餐過後，佐伯老太太動身出發，為三個兒子祈禱。我也準備出門，在換衣服的時候，兩位訪客現身，是金子太太和她的媳婦。金子太太一見到我，就開始哭了起來，跟我說，她兒子遇害了。

「你運氣很好。」她嗚咽說著：「勝君是在我們家遇害的。」

她望向媳婦，哭得更兇。我努力安慰她，淚水流了出來。她終於恢復平靜，我得知她丈夫很健康。我跟這對夫妻認識很久很久，特別合得來，因為金子先生讓我想起恩師稻田教授。金子太太描述她的遭遇：

「隔天，我和丈夫、媳婦回到城裡，在我們那殘破的家裡挖挖看。我在挖的時候，丈夫在附近打轉，查看他找到的每一具屍體。在操場附近的防空洞裡，他發現有個死去的男人站著。我拚命挖了又挖，可是什麼也沒找到。」

「歐吉桑接受得了嗎？」我問。

「他失去鬥志了。」她回答。

「歐巴桑，兒子的遺骨，你找到了沒？」

「唉，我找到一些，還在冒著熱氣，但我有點懷疑，所以隔天又回來再看一次。這次，我找到他的遺骨。之所以知道那就是他，是因為我認得他的皮帶頭。」

「其他的遺骨，你怎麼處理？」

「我隨喜捐了三百元，辦了法會。」她告訴我：「請來深川看我們，我丈夫在那裡。親眼看到你，對他的狀況最有幫助。我們正在去寺廟的路上，決定順道過來，看看你的狀況。請過來看我們。珍重再見。」

「珍重再見。」我回覆她的告別辭。年邁的金子太太和她的媳婦微笑鞠躬，就此離去。

我出門去祈禱，從附近開始做起。我先在佐佐木家的門口停下腳步，祈禱佐佐木太太靈魂獲得安息。閉上雙眼，彷彿能看見她站在此處，臉上露出微笑。

「蜂谷先生，修．和八重子在哪裡？」她問起我的妻兒。我睜開雙眼，她不在那裡。我再度閉眼，她又出現了。雖然我們陰陽兩隔，但是我好像看得到她。我很喜歡佐佐木太太，我閉上雙眼，跟她聊了一會兒。接著，我為兩位鄰居祈禱（他們遇害於市中心附近的辦公室），然後我返回醫院。

我借了一輛腳踏車，開始在市區繞一圈，為其他友人祈禱。

我越過三篠橋與橫川橋，沿著太田川的堤防慢慢騎著腳踏車。我思念著友人，經過寺町，繼續努力往前騎，最後抵達空鞘町。當我抵達該處（森杉醫生和他太太遇害的地方），我下了腳踏車，為他倆的靈魂祈禱。

當我接近原爆中心，聞到濃重的焚香，原來是有人在為摯愛祈禱。我越過相生橋，經過原爆中心，一側是殘破的科學產業館，再往前一點，經過殘破的廣島郵局，前方有個墓碑，刻著以下碑文：「全體員工光榮犧牲。」我為死於此處的友人祈禱，然後四處徘徊，心中滿是沉重的哀傷。再往前騎去，經過島醫生的醫院，那裡也淪為一片廢墟，職員、患者、家屬全都遇害。炸彈落下時，島醫生正好出城，倖免於難。我想到了遇害的黑川醫生與田中醫生，他們是我的朋友，也很照顧我。

我想起死在天神町附近的四個男生，轉身朝那個方向為他們祈禱。我經過主街，在金子家門前停下，為勝君先生祈禱。我看見一棟房屋搖搖晃晃地往街道傾斜，看招牌是下村鐘錶店，這棟建築物是用鋼筋混凝土興建，所以才能依舊矗立於此。

徘徊一會兒之後，我去看了友人們待過的地方。當天稍晚，疲累又沮喪的我返回醫院。

我發現等一下的晚餐是壽喜燒，這是溝口先生為我的妻子準備的餞別大餐。賀戶小姐、佐伯老太太、溝口先生，還有我們兩、三個人，在閃光出現後就吃著同一鍋飯，如今聚在桌旁，飯後又聊了好一會兒。這是妻子在醫院的最後一頓晚餐。在她身旁的是，閃光降臨後一起經歷及分享很多事情的友人。她明天就要離開，而既然她的心已即將啟程，她開心得像個孩子。

一九四五年九月二十四日

大致晴朗，偶爾有雲與雷陣雨。

妻子預計六點出發，我們還沒吃完早餐，車子已等在門口。井口先生開了一臺老舊的別克來載她。這臺車隸屬通訊局，閃光出現後首度使用，看起來像是有蓬的老舊貨車。妻子離開時伴隨著一陣巨響與一縷灰色的尾煙。她獲得如此親切的對待，何其有幸。

我睡了一會兒，醒來時腸子在蠕動。我去了廁所，排出軟便，還沒回到床上，一陣極度的虛弱感襲來。也許是昨晚壽喜燒的肉不好，也許是我吃得太多，無論如何，狀況不佳，能做的只有回到床上。幾分鐘後，又想去廁所一趟，也順利去了。這次是水狀又大量，拉到筋疲力盡。我回到床上，試著進食，卻沒有胃口。不久，腸子又蠕動了，我一定是急性結腸炎。

我三度回到病房，喝了一杯茶，並表示我不想吃午餐。我請佐伯老太太去藥局拿止瀉藥給我，檜井醫生聽說我腸胃不適，就衝上來給我一些磺胺胍，還有某種胃藥。他拿藥給我的時候，訓了我一頓，說我應該更照顧自己，還強調閃光出現後，很多死前有腹瀉症狀的患者，都沒有遵守嚴格的飲食法。我昨天在廢墟裡四處徘徊，不曉得是不是吸進了大家所說的「毒氣」。

下次排便量較少，但有黏液，裡急後重（tenesmus，解不乾淨的感覺）的症狀更加強烈，下腹疼痛，開始發燒，心跳劇烈，虛弱感逐漸增加，到了虛脫的程度。我動作再輕微，呼吸還是變得急促，我再也沒辦法去廁所。

佐伯老太太在某處找到便盆，放在我的床下。藥物好像沒有幫助，因為腹部的疼痛度增加，並且腫脹起來。不久，排出等量的黏液與血液。現在很明顯了，我得了痢疾。我虛弱、流汗、茫然，差點沒能好好坐穩便盆，整個意識好像都集中在直腸。佐伯老太太回來的時候，我請她幫我拿一袋熱沙，放在我的肚子上。一會兒之後，她帶了乾淨的便盆和裝滿熱水的汽水瓶回來。小山醫生與勝部醫生過來了，但兩人說的話不多。溫熱的汽水瓶放在我的臀部中間，我覺得舒服一點了。幾位訪客出現在門口，但佐伯老太太把他們趕走，還掛了簾子，讓我享有一些隱私。裡急後重的前後之間，疼痛逐漸減輕，最後終於能休息。

到了晚上，我覺得口渴得要命，只想喝進大量冷水，卻又怕自己連喝水都有可能讓消化道不適，只好忍住口渴的感覺。之後，佐伯老太太帶來一袋熱沙，放在我的肚子上，她則躺在我隔壁的病床上。

「醫生，你運氣很好。」她如此說著，語氣令人寬慰。「沒錯，運氣很好。你有很多朋友，他們都很關心你，真的很關心，你都不曉得你對我們有多麼重要。」

佐伯老太太繼續用撫慰人心的語調說話，直到入睡。每次我不得不使用便盆，都盡量放輕動作，不想打擾到她，但她都會聽到，起身協助。

這一晚如果我有睡，也睡得很少。

一九四五年九月二十五日

晴朗。

我喝了一杯加鹽的茶，還問有沒有梅子醋，因為我想喝酸的東西。後來，我還問，能不能吃點稀飯。裡急後重的症狀持續發生，排出少許的血液與黏液。我未曾感到如此空虛或衰弱，如此無助。

午餐時，我吞了一碗撒了鹽的稀飯，吃了藥。磺胺胍的劑量加重。到了晚上，我排出膿液，還有血液與黏液。

我晚餐也喝了一碗稀飯，啜了幾小口的茶來抑制口渴。

我很虛弱。

一九四五年九月二十六日

晴朗。後來多雲有雨。

今天的狀況跟昨天差不多，持續裡急後重、腹瀉、疼痛、極度虛弱。我吃的藥物加了可待因。一整天只吃了三碗稀飯，其他什麼也沒吃。總之，我過了悲慘的一天。

傍晚的時候，可待因似乎發揮效力，裡急後重的症狀減緩，有所好轉。晚上只排泄幾次，沒排泄時都靜靜睡著。

一九四五年九月二十七日

下雨。後來多雲。

醒來時，喉嚨很乾。佐伯老太太正在煮水，要泡茶，我覺得好像要好幾個小時才會泡好。今晨，一杯熱糖水被加到稀飯裡，我現在討厭這樣吃。糖水很美味，我決定喝熱糖水，不喝茶。整個早上只排泄兩次，裡急後重的症狀也減緩許多。我認為狀況的改善是可待因的緣故，所以我又加了點劑量，並且縮短服藥間隔時間。我喝熱糖水服下藥物，覺得自己成了闊氣的患者。

午餐時，他們設法讓我喝兩碗稀飯，但我很勉強才喝光第一碗，而第二碗只喝了一半。到了晚上，狀況好轉，酣然睡滿一整夜，一次都沒有起身。

一九四五年九月二十八日

時而多雲，時而晴朗。

我的胃口比較好了，早餐時，順利吞下兩碗稀飯，還喝了一杯熱糖水。佐伯老太太稱讚我，還說：

「現在，一切都會沒事的。你好好休息。你妻子的這趟行程，溝口先生很快就會帶回消息。」

這四、五天期間，我把妻兒完全拋在腦後。我已經好多了，開始想著鄉下的年邁母親，她跟我兒子看到妻子，一定會很開心。我沒任由思緒沉浸在家人身上，我覺得自己一定要專注讓自己好轉，這樣才能照顧家人。

午餐時，喝了兩碗稀飯，嘗起來沒那麼難吃。下午，山下先生獲准進入。他帶著日記，我幾天前要求看的。他只待了幾分鐘。他離開後，我看著他寫的日記，愉快又有趣。

以下片段摘錄自山下先生的日記：

我聽見敵機的聲音。我轉向妻子，她的背上揹著久仁雄。我問：

「那不是『B』（B-29）的聲音嗎？」

我往北望去，剛好趕得及看見一道黃色閃光，聽見一聲巨大的聲響，嚇了一大跳。我望向南面的窗戶，看見火舌吞噬著拉門上的紙。我大吼：

「我們被襲擊了！」

我抱住一根柱子，但房子沒垮。我聽見背後傳來一聲尖叫，妻子跑過來抱住我。此後，我們發狂似地採取動作。

「村中家起火了！」我的妻子驚呼道。

我穿好衣服，我倆從屋裡逃了出來。稻草屋頂的房屋約莫在十八公尺外，已經被燒毀了。

再度摘錄山下先生的日記：

我們的絕望舉動持續到九日早晨，這堪稱二戰最重大的災難。這是日本帝國最後一回的苦戰，而且看不見勝利。我認為會採取最後一步來還擊這次轟炸，我對此有絕對的信心。人腦製作的每一種科學武器已出現在舞臺上。在這場戰事中，恐懼並不存在。我認為，沒有一位日本人會活著。願所有山河盡皆燒毀，這就是戰爭給予的懲罰。我還活著，兒子已經犧牲，但我不會哭泣。我要從孩子的嘴巴裡聽到他為天皇大喊「萬歲」。他的名字是靖史（Yasushi），雖然他並未供奉於靖國神社，但是他的名字「史」（Shi）肯定會被刻在歷史[60]之中。

妙法質直童子是日蓮之子靖史的法名，日蓮這位僧人為國家貢獻了自己的性命。所以有人為國捐軀時，會依慣例使用他的名字，由祖輩吟誦《妙法蓮華經》。他是我的兒子，生來就是為國而死。就在他死前，他為自己找到了平靜的人生觀。他才十三歲。在迷茫之中，我聽見兒子的聲音。喔！我聽見神的聲音。

靖史，我的兒啊，

為諸神之國拋下性命，

60此處呈現的是靖史的史和歷史的史之間文字、象徵、語意上的關聯。

如今已成日蓮之子——他的名字是
質直童子
有這根香菸，感激不盡。
因為在這片黑暗之中，
有了微弱的光照亮現實。
（寫於九日的晚上）

我想我之前說過，山下先生住在牛田的山麓，距離原爆中心大約兩千五百公尺。他的屋子倖免於難，但他失去兒子。身為文人，他書寫日記，為的是傳達喪子之痛。在我看來，他這件事做得特別好。他對於絕對勝利的信念，也很顯而易見。

我放下他的日記。我思考著，國家已然戰敗，人民卻對勝利一事堅信不移，並且願意忍受任何艱辛，這種情況有沒有任何前例？

我的胃有所好轉，我的虛弱程度減少很多，於是我起身去餐廳找紙筆。但願自己的日記能寫下最新情況，因為在細讀了山下先生的作品以後，我希望能避免那種出現在散文或詩裡、由於太久沒有記錄思想所產生的思緒混亂。

晚餐來了，我喝了兩碗稀飯，胃口好多了，甚至還要了一些米湯。可待因緩解了裡急後重，磺胺胍滅掉了感染。

儘管我有所好轉，但距離「安康」還是有著相當遙遠的距離。閱讀山下先生的日記，加上走去餐廳，這微不足道的心力操勞就足以使我煩躁難安。我沒睡好，夜裡起了令人不快的念頭。天亮前，我懷疑自己的一隻腳是否仍踏在棺材裡，還不斷想起一個謠言——有些人在廢墟裡四處徘徊，後來死去。

一九四五年九月二十九日

晴朗，偶爾有雲。

今晨，我待在床上，沒什麼胃口，不太想吃早餐，但還是順利喝下兩碗稀飯。早餐過後，我去了我專屬的戶外廁所一趟，溫暖燦爛的陽光似乎讓我有所好轉。我排出一段黏液，約十公分長，圓柱狀，表面斑紋像是腸黏膜構成。我看見這個，一點也不驚訝；細看之後，確信我得的是黏液性腸炎，不是輻射病。我鬆了一大口氣，回到床上，並下定決心繼續遵守飲食療法。

午餐時，吃了一碗稀飯。

今天下午，有兩位占領軍的年輕軍官前來探視。儘管人不舒服，還是覺得應該親切對待他們。我用一條針織圍巾裹在肚子上保暖，帶他們參觀醫院。雖然我們雙方都不了解對方說的話，但我感受到這兩位年輕軍官的聲音帶著友善與溫暖。我鼓起勇氣，用英語對他們說：「How are you?」（你好嗎？）

其中一位軍官拿了一根香菸給我，作為回應。我膽怯地接了過來，他先替我點菸，然後才幫自己點了一根。香菸的氣味宜人，菸盒上的紅色大圓圈讓我留下深刻印象。

我們在醫院裡四處參觀，儘管我很虛弱，還是設法盡力讓他們看了所有的東西。到處看完以後，我們回到醫院入口，他們跟我握手，然後用日語說「konnichi wa」道別，而不是說「sayonara」。

站在附近的人都突然大笑出聲，因為「konnichi wa」這句日本招呼語類似英文的「good afternoon」（午安）。我也笑了出來，兩位年輕軍官跟著我一起笑。他們進入貨車，臉上一直帶著大微笑還揮著手，直到消失在我們的視野之外。

「一切都會沒事的。」有人這樣說，現場有著衷心贊同的氣氛，大家都安心不少。

美國士兵的外表、他們穿著的整齊制服、一副無憂無慮的樣子，都在我們心中留下深刻的印象。美國菸的氣味還留在我的鼻腔裡，跟日本軍官抽的菸不一樣。這兩位年輕軍官沒有一絲霸道挑剔的感覺，這也跟日本人不一樣。這些人在我的心中留下了「偉大國家的公民」的印象。

我晚餐喝了一碗稀飯，但還是覺得餓，就在要裝第二碗時，有個微弱的聲音叫我小心。我喝了一點，然後把碗給收了。連佐伯老太太也沒辦法勸我喝完。

美國軍官說「kor.nichi wa」，而不是說「sayonara」，這件事已經成了醫院裡到處流傳的大笑話。佐伯老太太大笑說：「美國人很親切，我覺得他們人很好。他們是不一樣，但他們都是紳士，還努力學日語。醫生，你不覺得他們人很好嗎？」

我笑了，什麼也沒說。我剛才想起來，美國人今天來的時候，我跟他們打招呼，我說了「good-bye」，而不是「how are you」，我是之後才突然改口，我才是笑話！

今晚，檜山太太生了兒子，自從炸彈毀掉她在段原町的住處後，她就一直跟我們住。她昨晚開始分娩，新生兒各方面都很正常，母親狀況也很好，我既開心又安心，這是閃光出現後通訊醫院接生的第一個嬰兒。

我提早上床，很快就入睡。

一九四五年九月三十日

一整天積雨雲密布，反覆下陣雨。

我在即將黎明前清醒，覺得有所好轉，胃舒服多了。其實，我期盼白日到來。我心想，如果今天有更多美國人過來，言行舉止跟我們昨天看到的美國人相同，那樣一定很好。我望向佐伯老太太，她還在睡，嘴巴張開，一根手指碰著她那唯一的門牙。我躺在床上想著她，自從閃光出現那天以來，這位可憐的老婦人就不斷工作，儘管年事已高，卻似乎永不疲憊。她那抖擻的精神和始終存在的幽默感，支撐著我們所有人。她唯一一次流露出情感，是聽到她三個孩子已死的消息，但在那之後，她從來不曾提及內心的悲傷。她是個令人欽佩的女人，名副其實的淑女。她的個性毫無嚴厲刻薄之處。她簡單樸實，可靠真誠，讓我們所有人都獲得慰藉與力量。偶爾，她會訓年輕人一頓，而我要是剛好在附近，她有些話就變成是在說我：

「醫生，你也一樣。」

她說話的樣子會讓人覺得我也是其中一位年輕人，我覺得她就像是我的母親。婆婆伸展身體，開始動了起來，於是我閉上雙眼，假裝自己還在睡。她緩緩起身，悄悄下床，走去廚房準備早餐。

我去我的專屬廁所小便，並且很高興地發現，之前伴隨排尿而來的排便感已經消失了。我想，這是個好兆頭。

我早餐喝了兩碗稀飯，雖然婆婆努力叫我多吃一點，但我還是搖頭婉拒，喝了些茶，我可不想冒著復發的風險。我們吃早餐時，溝口先生回來了，我得知妻子安全到家，很開心。

那天早上七點，他們坐船從宇品出發，越過廣島灣，穿過瀨戶內海。他們經過吳市的大型海軍基地，戰艦的殘骸橫臥得亂七八糟，有些搖搖晃晃插進水裡，有些上下顛倒。傍晚，抵達尾道市，在那裡過夜。隔天一大早，搭乘火車，午後不久，抵達備中川面站。從那裡要走大約十一公里的山路，才會到達我的宇治老家。他們在田井暫時停留，跟仲田一起吃午餐，而因為他們能夠打電話，所以他們抵達山區時，我兒子修一和全家人都在等。溝口先生向我描述了他們的各種反應。我兒子用那雙棕色大眼睛望著他母親，高興得說不出話來。我的岳母一開始不敢看八重子，因為她以為八重子嚴重燒傷。我的母親則是立刻看向八重子，發現她沒有大家以為的那樣嚴重燒傷，而感到安心。之後，他們幾乎熬了一整夜在聊天。

溝口先生告訴我，我那十歲兒子聽到祖母說日本已經投降，出現激動的反應。「胡說八道！」他大聲說：「你不應該說這種話，不然憲兵會把你給抓走。如果是真的，我們都會變成美國的奴隸。要是發生那種事，他們來抓我的時候，我要逃跑。我已經在山裡挖了一個洞，可以躲起來，我才不要當奴隸。」

溝口先生離開時，我兒子叫他跟我說，我應該馬上逃走。我聽到這個口信，笑了出來，跟溝口先生說，占領軍一點也不壞。

「他們很親切，相當好笑。」我多說了幾句。「像昨天，有兩位軍官來訪，他們離開時說了『konnichi wa』。」

溝口先生笑了出來，看似安心不少。

下午，兩隊士兵來訪。第一隊士兵，我帶他們參觀醫院。我每介紹一件東西，他們就花一分鐘審視一遍。當中一位顯然是學校老師，因為每次我努力用彆腳的英語跟他講話，他都會煞費苦心更正我的發音和文法。第二隊士兵之中有一位日裔美籍的口譯員，家人來自丹那。我待在臨時會客室，透過口譯員與這隊士兵聊天。其中一個男人站在窗邊，望著眼前的廢墟，最後終於透過口譯員說：

「廢墟裡一定還有死者，我覺得如果廢墟不移除、不處置屍體的話，兩國之間的敵意就會持續很久。你的看法？」

「我同意。」我回答：「聽說你們在吳市使用一種很有用的機器來清理廢墟，我想是叫『推土機』吧，你們難道不能派一臺來協助我們清理廣島市嗎？不然的話，受傷的人，還有失去親友的人，會一直想起自己被轟炸的那天，回到廣島的時候會怨恨你們的。」

「沒辦法，」那位軍官回答：「美國現在不能冒險送這種器材過來這裡。對於轟炸，你有什麼想法？」

「我是佛教徒，」我回答：「從小就被教導，遭逢逆境要認命。我失去了我的家，失去了我的財富，而且我本人也受了傷，但不考量這些的話，我覺得妻子和我還活著就很幸運了。儘管鄰居每一戶都有人死去，我對此還是心懷感激。」

「你的感受，我無從體會。」軍官斷然回答：「假如我是你，我會告國家。」

軍官又站了好一會兒，凝視窗外。最後，他們一行人離開。他走了以後，我把他說的話告訴朋友們。

「告國家！告國家！」我反覆對自己說著這句話。然而，不管複述多少次，有多努力思考，這句話我還是難以理解。

後記

一九四五年八月八日以後，我只要有空就會寫，寫作的成果已收入這本日記。輻射病的個案病史，我都是選擇症狀與臨床過程都很典型的患者。人們對我說出他們的遭遇與觀察，而當中重複的故事，我都會努力避開。雖然我一定會有疏漏之處，但我認為自己沒有任何誇飾。整體記述都是事實。

寫日記的期間，我住在廣島市這片廢墟裡的醫院，並未留心外界的情況。跟我周遭的環境相比，我的運氣不壞。雖然我們全都過得貧困，但據說人必須安貧樂道，我覺得自己不僅安貧樂道，甚至是心懷感激，因為大家對我都很親切。在我看來，廣島沒有人能像通訊醫院的患者那樣，獲得醫院職員與友人的親切對待。我什麼都沒有，連錢也沒有，但我擁有友人的同情與親切。我從他人那裡汲取的同情心，救了我一命。

這本日記講述了我們不得不忍受的惡劣時期。將近九月底，有很多美國士兵前來造訪我們。因為我的病痛使然，我有兩、三週無法工作。等我的健康和體力多少好轉，快到十月中旬時，東京大學的佐佐木教授帶了美國人組成的調查委員會前來探訪。這個團體待在廣島約一個月，研究輻射病。我特別記得以下醫生：洛格（J. Philip Loge）醫生、科赫（Calvin O. Koch）醫生、李博（Averill A. Liebow）醫生。

洛格醫生是個年輕的醫官，他天天來我的醫院，一有空閒就在診察患者。雖然我們無法說相同的語言，但我們能理解彼此的感受。他是個紳士，我的所有職員與患者都很喜歡他。同情與理解所在之處，不存在分界線。我們共同合作，一個月的時間愉快地過去了，實在太短。科赫醫生跟洛格醫生一樣，都是年輕的醫官，但他只是偶爾才來通訊醫院。然而，兩人都留下了「美國人聰明開朗」的印象。李博醫生的年紀比前面兩位醫生稍長，我只見過他一、兩次。要是我記得沒錯，他不是臨床醫生，而是病理學家。

這三位醫生離開後，霍爾（John R. Hall, Jr.）上校經常前來造訪，他的司令部位於吳市。我認為他是外科主任醫生。他是個高挑結實的軍官，無疑是我見過最高大的西方人。他常常造訪通訊醫院，還帶著各國高官前來。他在派特森（Patterson）將軍和其他軍官面前介紹輻射病患者，我被納入其中。在通訊醫院的重建方面，霍爾上校在物質與精神上都大力協助我們。盟軍的其他軍官與士兵有時也會造訪，但沒有人像洛格醫生和霍爾上校那樣理解我們。這兩位醫生以寬闊的視角看待全局，視角比我還要更為寬闊。他們抹去了我們內心的恐懼與敵意，讓我們得到了光明的新希望。他們的到來，使得秋季後的嚴冬沒那麼嚴酷了。

當我想到這些人的親切，就覺得人可以忽視報復的念頭。就連此時此刻，想起那些時日、那些友人，我的內心還是感到溫暖。

蜂谷道彥

寫於一九五二年四月十日夜裡

廣島醫生：一部終戰前的真實日記

作　　者｜蜂谷道彥
譯　　者｜姚怡平

一卷文化
社長暨總編輯｜馮季眉
責任編輯｜翁英傑
封面設計｜廖韡
內頁設計｜菩薩蠻電腦科技有限公司

出　　版｜一卷文化／遠足文化事業股份有限公司
發　　行｜遠足文化事業股份有限公司（讀書共和國出版集團）
地　　址｜231新北市新店區民權路108-2號9樓
郵撥帳號｜19504465 遠足文化事業股份有限公司
電　　話｜(02)2218-1417
客服信箱｜service@bookrep.com.tw

法律顧問｜華洋法律事務所 蘇文生律師
印　　製｜中原造像股份有限公司

2025年7月 初版一刷
定價｜420元
書號｜2THS0007
ISBN｜9786267686133（平裝）
ISBN｜9786267686119（EPUB）　9786267686126（PDF）

HIROSHIMA DIARY by Michihiko Hachiya
Copyright © 1955 by the University of North Carolina Press, renewed 1983 by Warner Wells
Foreword by John W. Dower © 1995 by the University of North Carolina Press
Published by arrangement with The University of North Carolina Press
Complex Chinese translation copyright © 2025 by ATome Culture, a Division of WALKERS CULTURAL ENTERPRISE LTD.
ALL RIGHTS RESERVED
繁體中文版譯自Warner Wells, M.D.翻譯的HIROSHIMA DIARY

著作權所有・侵害必究
特別聲明：有關本書中的言論內容，不代表本公司／出版集團之立場與意見，文責由作者自行承擔。

國家圖書館出版品預行編目(CIP)資料

廣島醫生：一部終戰前的真實日記 / 蜂谷道彥著；姚怡平譯. -- 初版. -- 新北市：遠足文化事業股份有限公司一卷文化, 遠足文化事業股份有限公司, 2025.07

面； 公分

ISBN 978-626-7686-13-3(平裝)

1.CST: 蜂谷道彥 2.CST: 醫師 3.CST: 第二次世界大戰 4.CST: 回憶錄 5.CST: 日本

783.18 114007917